限界芸術論と現代文化研究

戦後日本の知識人と大衆文化についての社会学的研究

粟谷佳司

ハーベスト社

限界芸術論と現代文化研究　目次

序章

本書の目的は、文化に関する社会学研究として、戦後日本の知識人と大衆文化をめぐる諸問題について考察しながら現代文化への課題を探ることである。[1] ここでは、鶴見俊輔によって一九六〇年代に唱えられた「限界芸術論」*を検証しながら、その同時代に関西を拠点に活動したフォークソング運動における「限界芸術論」の影響と展開を考察する。[2] 本書において分析するように、フォークソング運動は一九六〇年代半ばから七〇年年代前半を一

1　本書では、いわゆる知識人とは何かという定義について中心的に考察するものではないが、知識人の社会学研究にはルイス・コーザーやピエール・ブルデューなどの議論がある。ルイス・コーザー（1965= 一九七〇）『知識人と社会』（高橋徹訳）培風館、ピエール・ブルデュー（1983= 一九九一）「サルトル　全体的知識人の創出」（石崎晴己訳）『今、サルトル』思潮社、(2002=二〇一五)『介入I』（櫻本陽一訳）藤原書店、など。

2　本書で使用する空間と言説について述べておきたい。空間については、具体的な空間から抽象的な空間も含む広い意味で捉えている。これはアンリ・ルフェーヴルやデレク・グレゴリーも指摘しているところである。Henri Lefebvre (1974=二〇〇〇) *La Production de l'espace*, Anthulopos,『空間の生産』（斎藤日出治訳）青木書店、二〇〇〇年、Derek Gregory (1993) *Geographical Imaginations*, Blackwell. の議論を参照。また、本書で言及するアルジュン・アパデュライも「スケープ」ということで社会文化の空間的な考察を行っている。「界」における「社会空間」については、ピエール・ブルデューが参照される。言説については、ミシェル・フーコーから続く、書かれたもの、言われたことが形成する意味表現の総体として捉えている。言説の議論については、例えばダイアン・マクドネル（一九九〇）『ディスクールの理論』（里麻静雄訳）(Diane Macdonell, 1986. *Theories of discourse*, Blackwell) 新曜社において、カルチュラル・スタディーズにも広がる研究が行われている。筆者の言説と空間の捉え方については、『音楽空間の社会学』の議論を、空間概念と社会理論については、粟谷佳司（二〇一六）「空間、文化、運動——

つの区切りとして設定している。[3] ここでは、フォークソング運動を政治や生活の領域と関わりながら文化産業とは一線を画するものとして構想され、また一方では、その実践が特に「大衆芸術」に入り込んでいく「流行歌」や「替え歌」の問題と連なるものとして捉えていく。

これまで、関西を中心としたフォークソング運動、あるいは音楽を中心とした表現文化と鶴見との関係については正面から分析されてきているとはいい難い。しかし、鶴見の議論はフォークソング運動に関わった人々によって受容されて読み替えられ、文化的なネットワークとして展開して行ったのである。[4]

本書では、この文化をめぐるコミュニケーションのネットワークから、フォークソング運動、ここでは「関西フォーク」運動に関わった人物を軸に分析を行う。[5]「関西フォーク」運動を分析するときに、この運動についての理

カルチュラル・スタディーズと空間の社会理論のために」日暮雅夫ほか編著『現代社会理論の変貌』ミネルヴァ書房、の議論も参照。

3　それは、七〇年に「フォークリポートわいせつ事件」の端緒が見られ、「東京フォーク・ゲリラ」が検挙されるのが六九年、『フォーク・リポート』『かわら版』も七〇年代前半に終刊という区切りとなるからである。

4　鶴見自身も大衆音楽の文化と関わりを持っていたのである。これは、中川五郎が高石友也、岡林信康と共に出版した『フォークは未来をひらく』のカバーに推薦文を寄せていることや、彼の「流行歌の歴史」、あるいは『歌は世につれ』においても流行歌や岡林信康に言及していることからもわかる。小泉文夫・阿久悠・鶴見俊輔・多田道太郎・佐藤誠三郎・山本直純・井上ひさし・富岡多恵子・宮川泰（一九七八）『歌は世につれ』講談社。

5　本書の考察からは、「限界芸術論」という言説を通したコミュニケーションとそのネットワークが分析される。このような研究は、大衆文化についての社会学研究の一つのケースとしても有用であろうと考えられる。本書で考察する鶴見の活動においては、彼の研究の早い段階から「限界芸術論」ともつながる「コミュニケーション」についての研究が行われていた。それは、鶴見が「ルソーのコミュニケーション論」を、音楽や詩や絵が民衆の活動の中から生み出されることをコミュニケーション史の問題として述べていることからもわかる。このような芸術、文化と人々との関わりを戦後日本の大衆文化から考察するのが、本書におけるコミュニケーション研究の課題である。コミュニケーション研究については、鶴見とも交流のあった加藤秀

論的な論考を多数発表していた片桐ユズルが一つの軸になる。片桐は「関西フォーク」と称される動きを「運動」として定義づけた人物であり、その動向を常に記述していたのである。そして、片桐はこの運動を語る上での重要なテクストを作成し、それに関わった人物、すなわちキー・パーソン[6]となっているのである。本書の分析においては、キー・パーソンを一連の運動の生成と展開に参与した個人として捉えながら、そこを起点に時代や文化を考察

6　俊の業績が挙げられる。加藤は文化とコミュニケーションに関して、「言語の構造そのものを、文化の問題として考える立場」「コミュニケイションの内容から、その文化を考えよう、という立場」「コミュニケイションのネットワークの形態に力点をかける立場」の三つを挙げたうえで、さらに情報理論の発達や「文化」と「コミュニケイション」を等値する観点などを挙げている。加藤秀俊（一九六三＝一九七七）「文化とコミュニケイション」『文化とコミュニケイション増補改訂版』思索社、七－二八ページ。さらに社会とコミュニケーションについては、加藤は、コミュニケーションを「社会過程」からとらえ、「コミュニケイションによって、はじめて社会が可能だ」と指摘している。加藤秀俊（一九六七＝一九七七）「コミュニケイションと社会体系」『文化とコミュニケイション増補改訂版』、二五二ページ。最近のコミュニケーション研究においても、大石裕は、ノルベルト・エリアスのいう「多少とも不安定な権力バランスを伴う相互関係ネットワークもしくは関係構造」としての「社会関係」は「情報の伝達や交換、あるいは物や人の移動といった「社会過程」を通じて、再生産され、変化しているのである。」と述べている。大石裕（二〇一一）『コミュニケーション研究　第三版』慶應義塾大学出版会、三ページ。本書では、文化と人々のコミュニケーションにおける記号（ことば）、言説、社会空間、ネットワーク、などに関わる領域を考察する。

「キー・パーソン」については、市井三郎の「キー・パースン」論から示唆を得ている。市井は「キー・パースン」を「いちじるしく歴史づくりに参与する個人」であるという（複数の場合は「諸個人」と記述される）。市井三郎（一九六三）『哲学的分析』岩波書店、三三ページ。市井は明治維新のような歴史変動における「キー・パースン」を主に考察していたが、本書においてはそれをある時代の文化運動に参与した「個人」として捉えている。またここでは、鶴見による市井三郎の「キー・パースン」論についての言及を参照しておきたい。鶴見によると、市井の「キー・パースン」は「小集団に献身する人」であり、次の市井の文章を引用している。「むしろ個々の集団内部の民主的賦活を担う者としてのキー・パースンは、通常の意味での幹部やエリートでない場合の方が多いことだろう」。鶴見俊輔（一九八一）「哲学者市井三郎の冒険」『市民の論理学者・市井三郎』思想の科学社、二一四ページ。そして鶴見は、市井のキー・パースンの実践を『思想の科学』の活動に見ている。鶴見、同前、二一七ページ以下。

することを試みる。まず第一に片桐の活動をケーススタディとして、鶴見の「限界芸術論」が関西の音楽文化に現れたフォークソング運動によってどのように意味づけられ読み替えられたのか、そこからフォークソング運動がどのように展開して行ったのかということを分析する。

もう一人は、このフォークソング運動に関わった歌手の中川五郎である。中川から、鶴見の「限界芸術論」の発想と、その論点でもある「非専門家」すなわち「素人」としての「表現者」の問題について考えていきたい。方法としては、中川のライフ・ヒストリーを分析しながら、彼が自身の活動を通じて、どのように現代文化の中で表現を実践していったのか、フォークソング運動から表現者となっていったのか、その過程を分析する。[7]

1　先行研究と本書の視座

鶴見の哲学者、市民運動家としての思想研究は蓄積されてきている。[8] 鶴見の文化に関する議論を中心として考

7　片桐のような個人を軸として一連の運動を考察することによって、この動きの言説による意味づけを捉えることが出来る。また中川に注目するのは、鶴見や片桐との交流とともにまさにフォーク歌手となる契機と重なっていたのがこの動きであったということが理由として挙げられる。そして、それは中川の人生の軌跡とも関係しているのである。

8　哲学との関わりのなかでは、木村倫幸（二〇〇五）『鶴見俊輔ノススメ』新泉社、伊勢田哲治（二〇〇九）「分析哲学者としての鶴見俊輔」『思想』二〇〇九年五月号、ナショナリズムや政治運動との関わりのなかでは、小熊英二（二〇〇二）『民主と愛国』新曜社、同（二〇〇九）『一九六八』新曜社、などがある。鶴見は（二〇〇七）『たまたまこの世界に生まれて』編集工房SURE、において、『鶴見俊輔ノススメ』についてコメントを行っている。また、鶴見の限界芸術論を考察した文献として、池井望（一九九六）「比較限界芸術論」『岩波講座　現代社会学』岩波書店、鶴見と竹内好、吉本隆明、江藤淳を共に論じたものとし

察しているものとして、本書との関わりからは次のような議論が挙げられる。
原田達は、ピエール・ブルデューへの問題関心などから、鶴見の知識人としての軌跡を、彼の経歴から文化として相続された資本概念と社会的なネットワークとの関係などについて考察している。[9] 本書では、文化に関しては鶴見が言及を続けていた大衆文化に関する著作を中心に取り上げて、それが持つ意義と鶴見の議論が人びとのコミュニケーションにどのように展開されていったのかということについて考察する。菅孝行は鶴見の「限界芸術論」と「純粋芸術」「大衆芸術」との関係を論じながら、本書のテーマの一つである「シロウト（素人）」についても触れている。[10] 菅の議論は、どちらかというと理論の分析というところに重点が置かれていて鶴見を思想家として取り上げている。大衆文化に対する鶴見の方法や「非専門家」あるいは「素人」の表現のダイナミズムについては、本書においては具体的な対象から分析する。また、海老坂武は、鶴見の哲学と社会運動、文化論を取り上げていて本書で考察する時代状況とも関係する。[11] 本書では、特に大衆芸術との関連から、音楽文化との関わりを中心に論述を行っていく。北河賢三は、一九五〇年代から六〇年代半ばごろのあいだにおいて、鶴見の大衆の考え方がどのように深化していったのかについて考察している。[12] 本書では、鶴見の大衆文化論を六〇年代以降の議論とその時代の文化との関係を取り上げている。そうすることで、大衆文化が拡大していく文化状況の考察にも進むこと
て、ローレンス・オルソン（1992＝一九九七）『アンビヴァレント・モダーンズ』新宿書房、がある。
9　原田達（二〇〇一）『鶴見俊輔と希望の社会学』世界思想社。
10　菅孝行（一九八〇）『鶴見俊輔論』第三文明社。
11　海老坂武（一九八六）『雑種文化のアイデンティティ』みすず書房。
12　北河賢三（二〇一四）「鶴見俊輔の思想・方法と大衆の思想」赤澤史郎、北河賢三、黒川みどり編『戦後知識人と民衆観』影書房。

が出来ると思われる。

また、鶴見の大衆文化研究に関しては、彼が研究テーマにしたのは何も大衆文化であればすべて取り上げていたわけではないということには注意が必要であろう。むしろ、鶴見の方法論として、本書で考察するように、それは記号論、言葉と表現に関するコミュニケーション論の観点から大衆文化に向き合いアプローチしていたと考えられるのである。

これまで、知識人が大衆文化について論じたものは『大衆の反逆』のオルテガや、本書で言及するドイツのフランクフルト学派のアドルノ、あるいはカルチュラル・スタディーズの諸研究などがある。本書で述べていくように、鶴見の文化論はそれらと比肩する視点と理論を有している。文化論の中には、大衆を批判するものや、あるいは大衆を擁護するに際しても、いわゆる高級文化、純粋芸術と大衆文化、民衆文化は区別されているものがほとんどである。ところが鶴見の芸術・文化を見る方法（戦略）は、人々の文化を「芸術」とも表現する、ある種その連続性から考えることにあると思われるのである。[13]

2　本書の分析と構成

本書では、文化の研究を記録と出来事の歴史から、書かれたものや語られたことを資料として分析する。これら

13　これは、日本文化を「中間文化」と評した加藤秀俊のような社会学者にとっても共有されているような思考であるだろうと思われる。

の資料を社会的な領域との関連において再構成することで、社会と「ひとびと」、文化との関わりを明らかにしていきたい。ここから、知識人とポピュラー文化が相関する言説空間が浮かび上がるであろう。また戦後日本の音楽文化から、流行歌、ジャズやフォークソング、そしてロックという言説の領域が生まれる時代の変遷も確認することが出来るだろう。

そして、本書のテーマである鶴見の業績における大衆文化は、初期のアメリカ哲学の研究と「ひとびとの哲学」として、大衆娯楽についての共同研究『夢とおもかげ』（一九五〇年刊行）にも表れており、また国際的なカンファレンスの場で鶴見が報告した内容が「民衆娯楽」に関するものであったりするなど、[14]考察の対象であり続けたものである。それは、本書で取り上げる『限界芸術論』においても哲学とその芸術文化への応用として、鶴見の思想のなかで浮かび上がってくるものであるだろう。[15]

鶴見の思想には、プラグマティズムと記号論、それらの実践があり、「限界芸術」はその展開である。鶴見のプラグマティズムについては、「アメリカ哲学」に関するもの、記号論については、たとえば桑原武夫との関係が始まることに関して鶴見が回想した『思想の科学』一九四六年掲載の「ベイシック英語の背景」、あるいは『思想の科学』創刊号所収の「言葉のお守り的使用法について」などの初期の著作から見られる。[16]そして本書で考察する

14　鶴見俊輔（一九八八）「民衆娯楽についての覚え書き」テツオ・ナジタほか編『戦後日本の精神史』岩波書店。八〇年代ごろの鶴見は「精神史」を「民衆」「大衆」から考えるということにもウエイトが置かれているように思われる。

15　そして、大衆文化の研究は、まさに鶴見と彼に関係する新聞学を中心とする研究者の対象の一つでもあった。たとえば、本書で取り上げる日高六郎も大衆文化を取り上げている。また、京都の新聞学研究者との関係では、鶴見を同志社大学に招いた和田洋一から『土曜日』の流れもある。

16　鶴見の大衆観については、初期の論考はニュアンスが異なっている。著作集に収録に際して、トーンが弱められている。伊勢田（二〇〇九）も参照。

ように、鶴見の「限界芸術論」と記号やことばに関する問題は、戦後日本のフォークソングの実践者に受容され展開されていったのである。

戦後日本の大衆文化と鶴見のプラグマティズム、そして「限界芸術論」は、関西フォークソング運動の中でそれを理論的に主導した片桐ユズルの議論からも媒介されていく。片桐は、鶴見の「限界芸術論」を使用しながらフォークソングを記述しており、また彼の『詩のことば日常のことば』や、片桐が鶴見と行っていた「記号の会」における成果の一つと位置付けられている『意味論入門』[17]においても、鶴見のプラグマティズムの影響が見られる。

そして片桐は、フォークソングについて述べた「替歌こそ本質なのだ」(一九七五年)の中で、フォークソングにおける替え歌に関して中川五郎を取り上げている。ここで、片桐は鶴見の「限界芸術論」とフォークソングを交錯させながら記述しているのである。替え歌の実践については、中川は高石友也、岡林信康との著書『フォークは未来をひらく』においても述べている。そして本書において取り上げる中川五郎と「限界芸術論」については、中川が大学入学前に鶴見の『限界芸術論』を読んでいたと筆者が行ったライフ・ヒストリーに関する聞き取り調査でも語られていた。[18] 本書では、鶴見の思想のフォークソング運動との交差、影響、そしてフォークソングという表現がどのように意味づけられていったのかについて分析していく。

本書では、戦後日本におけるフォークソング文化を中心に取り上げるが、なかでも特に関西地方で起こっていたムーブメントとも言える「関西フォークソング運動」の流れは、知識人と交差する「運動」であった。そして、知識人とその関係者のなかで「フォーク」は発見されたものだった。これは必ずしも音楽の専門家によるものではな

17　鶴見俊輔(一九六九＝一九九二)「記号の会について」『鶴見俊輔集　三記号論集』筑摩書房、三八七ページ。
18　中川が鶴見の『限界芸術論』を読んでいたということについては、第四章を参照。

く、「フォーク」は「民衆」「ピープル（人々）」の音楽として位置づけを与えられて行くのである。

以下では、本書のアウトラインと分析する内容について述べておく。

鶴見俊輔と限界芸術論

鶴見俊輔は戦後日本を代表する知識人である。そして、その関心を大衆文化に注ぎ続けたというところに特徴的な思考があると考えられる。

鶴見の大衆文化への関心は、大衆社会論的なものだけではなく、市民の政治的抵抗の拠点として文化を捉えるものだけでもないのである。むしろ、彼が青年期と大学においてアメリカで学んだプラグマティズム哲学の適用、すなわち（大衆の）行動からその思想を実証すること、さらに思想を「使用」する行動に視線が向けられている点に、その独自性がある。さらに言うならば、鶴見は、人間が記号をとおして世界にもつ関係＝意味に注目するゆえに、その対象はコミュニケーション的側面に集中する。結果的に、鶴見の研究は社会学的であり、カルチュラル・スタディーズとも大きく重なるものでもある。そして、このような問題意識は、従来の鶴見俊輔を論じた数々の議論には強調されてはおらず、そこに本書のオリジナリティもある。

そこで、第一章では若き日の鶴見が「ルソーのコミュニケイション論」に始まり、「流行歌の歴史」などから、「芸術の発展」において独自の限界芸術論を展開するにいたるところまでを検討する。そこでは、「替え歌」や「ふし言葉」などの独自の視点から分析が行われるが、その方法論はやがて鶴見個人の思想を超えて、フォークソング運動を生み出すことになる。

そしてこの章の後半では、アドルノと鶴見の大衆文化論を比較することで、両者はメディアに対する危機感という点では共通するということを確認しながら、鶴見の大衆の思想的な生産性、すなわちメディア上の文化を大衆が自ら解釈し変形させていくというプロセスに注目する。これは鶴見が、大衆をどのように捉えていたのかという視座にも関わるものである。

限界芸術論からフォークソング運動へ

第二章からは、鶴見の思想が実践に移されたユニークな事例として、同時代の人々によって鶴見の思想がどのように「使用」されたか、ということについて関西を中心としたフォークソング運動への展開を追っていく。その転換においてキー・パーソンとなったのが、フォークソング運動について理論的な著作を発表していた片桐ユズルである。片桐も一九五〇年代にアメリカに留学して、文化に対するプラグマティックな態度に影響を受けている。それは単なる文化の受け手としての大衆ではなく、大衆自らが生み出す文化であり、そして鶴見のいう「限界芸術」にも関わっていく。その実践の領域となったのが関西フォークソング運動である。

関西フォークソング運動は、当時の学生運動と並行する反戦といったメッセージとも共振するものでもあったが、ここではその運動の表現活動が、かつて鶴見が大衆文化の中に「限界芸術」を見出した「替え歌」や「ふし言葉」といった実践を特徴の一つとしていたということに注目する。

そして、フォークソング運動は、ベトナム反戦運動、鶴見たちが立ち上げた「ベ平連」とも一部連携しているが、それを文化の実践として見るならば、アメリカの楽曲に自由に歌詞をつけて歌い継ぐといった替え歌的行動が確認される。本書ではそれをグローバルな趨勢のローカル化としてとらえ直すことも目的としている。

そして、フォークソング運動が大学の中の運動というよりも、むしろ表現の領域であったり、あるいは新宿という都市空間や教会のような公共空間、またはレコードや雑誌、ミニコミという媒体を主な領域としながら行われていたということから、本書ではそれらの関わりの中でこの動き考察していく。[19]

第三章では、フォークソングが七〇年代に入ってその状況が変容していく時期[20]までを一つの区切りとして、フォークソングとそれに関わる運動と密接に関わっていた『フォーク・リポート』を中心に、この言説がどのように構築されていったのかということについて考察する。

ここでは、六〇年代終わりに登場するポピュラー音楽雑誌『ニューミュージック・マガジン』の記事、あるいはミニコミ誌である『かわら版』を比較することで、言説の位置が分析される。『フォーク・リポート』には、当時の音楽雑誌に見られるような写真や楽譜、レコード情報というよりは、フォークソングが言説として表現の領域に転換・拡張したという独自の意味があったと考えられる。それは、この運動と言説が持っていたもの、すなわち中川が関わった「フォーク・リポートわいせつ裁判」というもう一つの側面、真面目なものだけではなく、人々のパブリックな言説のみでもないプライベートで私的なものにも踏み込む契機というものも内包していたのである。

そして、ここには「フォーク」の意味づけに関わる問題もある。例えば、フォークについて音楽学者のフィリッ

19　そして、フォークソング運動の担い手の中心は、学生や知識人、批評家たちであり、そのオーディエンスは中学生、高校生が主であった。本書で考察する関西のフォークソング運動についての中心的な雑誌『フォーク・リポート』は中学生、高校生らに読まれていたのである。それは読者欄からもわかる（資料を参照）。そして、この『フォーク・リポート』は、中川五郎も関わる「フォーク・リポートわいせつ裁判」の舞台となったのである。

20　当時においても、URCレコードはアンダーグラウンドな反戦フォークをリリースする一方、フォークソングの世界においてはザ・フォーク・クルセダーズのようなグループもいた。東谷護はフォークソングの時代による変容を考察し、七〇年代に入ってフォーク歌手が「スターの時代」に変容し、それが「ニューミュージック」の布石となったとしている。東谷護（一九九五）『日本におけるフォークソングの展開』JASPMワーキングペーパーシリーズ（日本ポピュラー音楽学会）、第三章。

プ・タグは音楽を三つに分類しそれを類型化している。[21] ここで民族音楽（Folk Music）といわれるものは学者によって命名されたものであったが、日本における「フォーク」は、もともとアカデミズムによって定義づけられたものというよりは、ポピュラーな雑誌媒体や、あるいは書籍によってその定義が与えられていったのであった。そしてそこでは、鶴見俊輔、片桐ユズル、室謙二、中村とうよう、三橋一夫といった人物が関わって行くのである。

フォーク歌手、中川五郎のライフ・ヒストリー

本書の第四章では、ケースタディとしてこの運動と関わったフォーク歌手に焦点を当てて考察を行う。それが、歌手、音楽評論家、作家、翻訳者である中川五郎である。中川は、ポピュラー音楽のオーディエンスとして中高校生を過ごし、そして高校生のときに高石友也が歌った曲（「受験生ブルース」）の作詞でデビュー、鶴見が教授を務めていた同志社大学に入学後も歌手活動を行い、その後、雑誌編集者、評論家、小説家というライフコースをたどる。ここで、中川を語るときに鍵になるのが、「非専門家」あるいは「素人」から始まる文化という理念とフォークソングをめぐる一連の動きである。

フォークソングは、一九七〇年代に入るとポピュラー音楽言説のなかでその存在が変容していくが、そこで転換点のひとつとして取り上げるのが、中川五郎が発表した小説がわいせつであるとして起訴された、いわゆる「フォーク・リポートわいせつ事件」である。

本書では、この時期までをフォークソング運動の一つの区切りとして中川の活動を捉えながら、彼の表現と関わ

21　フィリップ・タグ（一九九〇）「ポピュラー音楽の分析　理論と方法と実践」三井徹編訳『ポピュラー音楽の研究』音楽之友社（Philip Tagg (1982) “Analysing popular music: theory, method and practice” *Popular Music*. No. 2.）

る行動について考えたい。そして、「素人」からの表現活動とでもいえる中川の行動がどのように実践されていったのかということについて、その後の展開も含めて考察していく。[22]

終章では本書で得られた知見を述べていきたい。

＊　本書では、書籍としての『限界芸術論』に言及する場合は『』に、「芸術の発展」を含む「限界芸術論」という言説に言及するときには「」としている。

22　日本においても、ロック批評という言説領域が浮上することによって、「素人」という存在はロックというジャンルのなかでは消えていく(パンク以降に再び復活する)。ロックは「民衆」のものであるというよりは、むしろ言説が成熟するにつれて、そのジャンルの自律した価値を問題にするようになっていくのである。フォークはことばであった、と中村とうようが後に片桐ユズルの言説に否定的に言及していたことにも現れているように、ロックは独自の価値に重きを置いていく。それは、細川周平がサイモン・フリスを参照しながら、テオドール・アドルノのポピュラー音楽論を批判する時に持ち出される「リズム」を重視する音楽性からも考えることが出来るだろう。篠原章(二〇〇四)『日本ロック雑誌クロニクル』太田出版、における中村とうようへのインタビュー、一〇二ページ。細川修平(一九九〇)『レコードの美学』勁草書房。

第一章　鶴見俊輔と「限界芸術論」の研究

本章から、鶴見俊輔の文化論を出発点にしてフォークソング文化について考えて行きたい。ここで参照されるのが、鶴見の「限界芸術論」と「流行歌論」である。[1]

まずは、鶴見の「限界芸術論」を考察するために、勁草書房から出版されていた『限界芸術論』を中心に分析する。そして鶴見の大衆文化に関する記述を適宜参照しながら、本章では、現在でも大衆文化論において言及されているいくつかの議論と比較する。このことにより、鶴見の大衆文化論の問題設定の独自性と可能性について述べていきたい。

1　鶴見俊輔と大学、『思想の科学』「ベトナムに平和を！市民連合」

ここでは鶴見の経歴と、本書で考察する「限界芸術論」をめぐる状況について述べておきたい。

1　鶴見の大衆文化論として、テレビメディア論や、あるいは彼が編集した平凡社『大衆の時代』に収録されている論考なども取り上げて行く。

鶴見の自伝的インタビュー『期待と回想』および、その他の資料によれば、彼はハーヴァード大学を卒業後、交換連絡船によって帰国、京都大学人文科学研究所の桑原武夫の引き立てによって京都大学の嘱託講師から京都大学人文科学研究所助教授になる。[2] その後、東京工業大学助教授となり「ベトナムに平和を!市民連合（べ平連）」を高畠通敏、小田実らと立ち上げる。一九六〇年に東京工業大学を辞職するが、[3] 同志社大学に一九六一年から七〇年まで教授として勤めた。[4] 鶴見を同志社に呼んだのが新聞学教授の和田洋一であった。[5] 一九七〇年に大学に機動隊を導入することに反対して同志社大学を辞職した。[6]

鶴見の大衆文化論としては、初期の『大衆芸術』（一九五五）から『限界芸術論』（一九六七）、漫画論や、カナダ・マギル大学での講演（『戦時期日本の精神史』（一九八二）『戦後日本の大衆文化史』（一九八四））などが挙げられるだろう。一九六〇年代には、鶴見の文化論として現在でも読み継がれる『限界芸術論』を著し、『折衷主義の立場』（一九六一）『日常的思想の可能性』（一九六七）『不定形の思想』（一九六八）『現代日本思想体系一二　ジャーナリズムの思想』（一九六五）『戦後日本思想体系四　平和の思想』（一九六八）『現代人の思想七　大衆の時代』（一九六九）などの著書、編著を発表している。また「べ平連」に関連するいくつもの書物に執筆を行っている。そして、鶴見は

2　鶴見俊輔（一九九七＝二〇〇八）『期待と回想』朝日文庫、五八－五九ページ、「主な作品年譜」

3　これはちょうど竹内好が都立大学を辞職するのと同時期である。この辺りについては、鶴見俊輔（一九六〇）「いくつもの太鼓のあいだにもっと見事な調和を」（『世界』、一九六〇年八月号）にも述べられている。

4　鶴見俊輔（一九七六a）「略年譜」『鶴見俊輔著作集第五巻　時論・エッセイ』筑摩書房、など。

5　鶴見俊輔ほか編（一九七九）『抵抗と持続』世界思想社の中の「執筆者紹介」より。

6　同志社大学辞職については、鶴見俊輔（一九七〇＝一九七六）「私にとって同志社とは何だったのか?」『鶴見俊輔著作集第五巻　時論・エッセイ』筑摩書房

一九六〇年代には同志社大学の教授として学生の指導を行い、その時期には『大衆の時代』平凡社などを編集していた。また、学外においては『思想の科学』や「べ平連」（ベトナムに平和を！市民連合）での活動、そして本書においても言及される、片桐ユズルらと「記号の会」という勉強会も主催していた。[7]

鶴見は大衆文化研究と社会思想、哲学の学者、批評家、そして活動する人として、大学という組織、雑誌や書物、市民運動などから思想、文化とネットワークを形成した知識人であった。[8] そして、鶴見の「限界芸術論」という

7　これから考察するように、関西のフォークソング運動や、「東京フォーク・ゲリラ」については、片桐ユズルや室謙二によって書かれた書物において鶴見の「限界芸術論」は彼らの活動を位置づけるものとして使用されており、これらの運動を考察するときに「限界芸術論」は重要な論考となっているのである。

8　このような、文化をめぐるコミュニケーションのネットワーク関係の構造を社会学の視点から考えるための方法のひとつとして、ピエール・ブルデューの「社会関係資本」が参照される。

ブルデューは「社会関係資本」に関する論考において、それを、

「相互認識（知りあい）と相互承認（認め合い）とからなる、多少なりとも制度化されたもろもろの持続的な関係ネットワークを所有していることと密接にむすびついている、現実的ないしは潜在的資本の総体である。」

と定義し、

「一集団への所属と密接に結びついている資本の総体」

と付け加える。

ブルデューによれば、

「そうした結合関係は、物理的（地理的）空間において近いことからくる客観的諸関係にも、あるいはまた、経済的・社会的空間において近いことからくる客観的諸関係にも、還元することができない。（中略）その主体が実際に動員できるさまざまな結合関係のネットワークの広さと、またかれがむすびつきをもっている人びとのそれぞれが、みずから所有している（経済、文化、あるいは象徴）資本との量に、かかわっていることになる」（以上の引用は、Pierre Bourdieu (1980) "Le capital social-notes provisoires" *Acte de la recherché en science socials*, vol. 31, ピエール・ブルデュー（一九八六）「『社会資本』とは何か　暫定的ノート」（福井憲彦訳）『actes』no. 1, 日本エディタースクール出版部 p. 2, 訳、三一-三一ページより。引

用は訳文から行っているが、原著を参照の上、変更している箇所がある）。

稲葉陽二も、ブルデューの「社会関係資本とは『あるグループのメンバーであること』から生まれる『ネットワーク関係の所有』のことである」という（稲葉陽二（二〇一二）『ソーシャル・キャピタル入門』中公新書、二五ページ。ここで参照されているのは、Pieere Bourdieu (1986) “The Form of Capital” J. E. Richardson ed., *Handbook of Research for the Sociology of Education,* Greenwood Press. この論文では、ブルデューは資本の形態を「社会関係資本」「経済資本」「文化資本」の三つを取り上げている）。

また、ブルデューは、

「（ラリー、クルージング、狩猟、夜会、レセプションなどといった）しかるべき機会、（上流地区、エリート学校、クラブなどの）場、（上流スポーツ、社交的室内ゲーム、文化セレモニー）プラチック」(Bourdieu (1980) p3, 訳、三四ページ）

などからも「社会関係資本」を説明している。

ところで、ブルデューは「資本」の形態としては、「社会関係資本」「経済資本」「文化資本」の三つを取り上げていたが、彼は「界」と「社会空間」「資本」概念によって、エージェントがどのように「界」に位置付けられるのかという力学について考察している。「界」に関する議論においては、ブルデューは『芸術の規則』のような芸術を扱う著作では、小説家やその作品の登場人物をマッピングしていた。また『ホモ・アカデミクス』においては、大学における学部間のヒエラルキーについて分析している（近年、ブルデューの「界」の理論を研究する動きも盛んになっていて、英語で著されたものとしては、Mathieu Hilgers, et al. eds. (2014) *Bourdieu's Theory of Social Fields,* Routledge. などがある）。

「界」とはブルデューによると、「共時的に捉えるなら、さまざまな位置（あるいは地位）の構造化された空間としてあらわれ」るのであり、それは、「闘争に加わっている行為者間の、もしくは機関同士の力関係の一つの状態」であるといわれている（ピエール・ブルデュー（一九九一）『社会学の社会学』（田原音和監訳）藤原書店、一四三－一四五ページ (Pierre Bourdieu (1980) *Question de sociologie,* Minuit, p. 113-114. 訳書の「場」を「界」に変更した。そして、ブルデューが最初期に「界」に言及したものひとつが、Pierre Bourdieu (1966) “Champ intellectuel et projet createur” *Les Temps Modernes,* November. であり、その誤りについてもブルデュー自身が書いている。ピエール・ブルデュー（一九九六）『芸術の規則』II（石井洋二郎訳）、二五五－二五六ページ、Pierre Bourdieu (1992) *Les regles del'art,* pp. 304-305. また、David Swartz (1997) *Culture & Power: The Sociology of Pierre Bourdieu,* The University of Chicago Press, p. 118. や、Patricia Thomson (2012) “Field” Michael Grenfell ed, *Pierre Bourdieu: Key concepts,* Second Edition, Acumen. p. 65. など）。

書物、思想は人々をつなぐメディアとしての役割を担ったのである。次に、大学や『思想の科学』、「ベ平連」という当時の鶴見をめぐるコミュニケーションのネットワークから、鶴見がどのような位置にいたのかについて考察する。

【1】大学

まずは、鶴見が在職していた大学という領域について見ていきたい。

鶴見の活動は多岐に渡るが、本章では、鶴見にとって大学とは「ベ平連」や『思想の科学』と並ぶ活動とネット

また、ブルデューは「社会空間の総体を界として記述する」(ピエール・ブルデュー(二〇〇七)『実践理性』(石井洋二郎訳)藤原書店六五ページ(Pierre Bourdieu (1994) *Raison Pratiques*, Seul. p. 55. 傍点は原書)というように、「界」に関して「社会空間」を取り上げている。そして「社会空間」は、「経済資本」と「文化資本」という差異化の原理によって構築され、そのような資本を持つ者と持たない者との間の対立を形成するということであった(ブルデュー(二〇〇七)二一 - 二三ページ(Bourdieu, (1994), p. 20-22.)。

このような議論から鶴見の行動を捉えれば、これから考察されるように彼が自身の経歴という「文化資本」とそこから導かれる「グループのメンバーであること」や「ネットワーク関係の所有」という「社会関係資本」を形成し所有することによって、その活動の基礎となっていたと考えられるだろう。

ブルデューの「社会関係資本」とネットワークについては、チャールズ・カドゥシン(二〇一五)『社会的ネットワークを理解する』(五十嵐祐ほか訳)北大路書房、河田潤一(二〇一五)「ソーシャル・キャピタルの理論的系譜」坪郷實編著(二〇一五)『ソーシャル・キャピタル』ミネルヴァ書房、などに記述がある。「社会関係資本」については、ナン・リン(二〇〇八)『ソーシャル・キャピタル』(筒井淳也ほか訳)ミネルヴァ書房、三隅一人(二〇一三)『社会関係資本』ミネルヴァ書房、などを参照した。

ワークの一つであったということを確認しておきたい。彼は、一九七〇年までは大学教授として学生を指導し、研究活動を行う学者であったのである。そして、学者としての活動の中で『限界芸術論』を始めとする業績を挙げていたことは、彼の経歴からも知られるところである。本書で考察する、フォークシンガーの中川五郎も鶴見が勤めていた同志社大学を受験し入学していた。

日本の大学は一八八〇年代末以降、ドイツ的「大学」が志向されていたが[9]、鶴見は自身のキャリアのなかで、京都大学人文科学研究所、東京工業大学、同志社大学において哲学、社会思想史を講ずる学者であるというポジションを占めていた。鶴見が最初に大学に勤めることになる京都大学は英語の通訳としての嘱託講師としてであり、一九四九年に人文科学研究所に助教授として採用されたのは、英語の力であると述べている[10]。

このように鶴見のキャリアが、最初にスタートしたのが大学の研究所における助教授（京都大学）、その次が理科系大学における人文系の教員（東京工業大学）、そして一九六一年から七〇年まで勤めた同志社大学においては、文学部社会学科における新聞学専攻の教授であったことから[11]、哲学を専門としながらも最後に教えた同志社大学では新聞学専攻において社会思想史を教えるという、哲学科の哲学教師とはディシプリンにおいて異なるポジションであるということが見て取れよう。

鶴見が在職していた同志社大学は、『同志社九十年小史』によると昭和一六年から新聞学の講義に単位が認められるようになり、昭和一六年九月からは放送学講座も開設されている。そしてこの当時の新聞学の講座は、同志社

9　吉見俊哉（二〇一一）『大学とは何か』岩波新書、一一〇ページ。
10　鶴見俊輔（一九九七＝二〇〇八）『期待と回想』朝日文庫、五八‐五九ページ。
11　鶴見俊輔（一九七六ａ）「略年譜」『鶴見俊輔著作集五』筑摩書房。

の他は東京帝国大学、明治大学、早稲田大学にあった。[12] 戦後になって、アメリカ占領軍は戦前に新聞学の講座を置いていた大学に新聞学の充実を勧励したということであり、昭和二四年には同志社大学は大学予科でドイツ語を教えていた和田洋一が、文学部社会学科のなかにあった新聞学専攻の初めての専任教員となった。[13] その後、和田を中心とした新聞学専攻は一九六一年に鶴見を教授として迎えるのである。鶴見の経歴を見てみれば、ちょうど同志社大学在職中には『限界芸術論』をはじめ、『折衷主義の立場』『講座コミュニケーション』『現代日本思想体系ジャーナリズム』などを著し、学生と一緒に『大衆の時代』の翻訳を行っていた。[14]

鶴見が、大学教師として最後に勤めた同志社大学を辞職した後も居を構えた京都では、「現代風俗研究会」のような大衆文化研究が現在においても脈々と続いており、関西の文化研究は領域を横断する研究活動が行われている。これが、日本の文化研究のひとつの流れを形成しているのは知られる通りである。[15]

それでも、鶴見が大学に在職していたころには、大学というフィールドにおいて知識人のネットワークは作られていたのである。もちろん鶴見の活動は、大学のみにネットワークが限られていた訳ではない。それは、次に述べる『思想の科学』や「べ平連」の活動からも明らかであろう。しかし、鶴見は全くの在野の思想家ではなく、アメ

---

12 同志社社史史料編集所編(一九六五)『同志社九十年小史』学校法人同志社、三八七-三八八ページより。この「社会学科」の執筆は和田洋一である。

13 以上は、同前、三九二-三九三ページより。

14 鶴見俊輔(一九七六a)「略年譜」などより。鶴見俊輔編(一九六九)『大衆の時代』平凡社。

15 鶴見は、上野俊哉・毛利嘉孝(二〇〇〇)『カルチュラル・スタディーズ入門』ちくま新書、においても文化研究の流れの一つとして取り上げられている。

リカから帰国後、大学という空間において桑原武夫や和田洋一らとの関わりのなかで業績をあげていたのである。[16]

そして、当時の大学を中心とする鶴見の活動があったのは、彼の置かれた場所である「新聞学」が、日本の大学においては大衆文化を比較的扱うことの出来る学問領域であったからではないかと考えられる。新聞学の歴史から考えると、日本の大学においては、一九三〇年代の東京帝国大学での新聞学の設立について当初は教授会の反対もあり紆余曲折があった。[17] 鶴見が大学教授としての空間を占めた「新聞学」は、哲学という領域には収まりきらない鶴見の活動の受け皿になったのではないかと思われる。たとえば、鶴見が大学教員として活動していた同時期にも、東京大学新聞学研究所の教授であった日高六郎は、社会学、社会心理学者として、大衆文化やマス・コミュニケーションに関する論考を発表していたのである。[18]

【2】『思想の科学』、「ベトナムに平和を！市民連合」

そして、鶴見の大学と並ぶ活動のフィールドとしては、『思想の科学』と、「ベトナムに平和を！市民連合」（以下、「ベ平連」）があった。大学人としての鶴見は、批評と市民運動とが交差するなかで、彼の言説、運動を行っていた

16　鶴見は同志社大学辞職後も、和田洋一や山本明らとの関係は続けられていた。例えば、和田八〇歳の誕生日記念会における写真や、鶴見の『限界芸術』講談社学術文庫、における山本の解説など。

17　吉見俊哉（二〇〇〇）「メディアを語る言説」栗原彬、小森陽一、佐藤学、吉見俊哉編『内破する知』東京大学出版会、一九三ページ以下。

18　例えば、日高六郎（一九六〇）『現代イデオロギー』勁草書房。また日高は、さまざまな講座本においても大衆文化論やマス・コミュニケーションに関する論考を発表していた。

のである。

『思想の科学』という言説の領域は、鶴見、武谷三男、武田清子、都留重人、鶴見和子、丸山真男、渡辺慧によって一九四六年に創刊された。[19]『思想の科学』は、鶴見が大学というフィールドに就く前から活動を行っていた空間であり、黒川創は、「鶴見が、四八年、京大に招かれたのは、予定外のいわば偶然のことだった。」[20]と書いている。しかし、黒川も続けているように、

にもかかわらず、これによって翌年四九年、京大人文科学研究所西洋部主任（当時）の桑原武夫のもとで鶴見も参加して始まる〈ルソー〉、〈フランス百科全書〉の共同研究は、その方法、また、人脈においても（この大プロジェクトへの参加者のなかに、若き多田道太郎、梅棹忠夫、橋本峰雄、大淵和夫らもいた）、この後の『思想の科学』の方向づけに、大きな影響をもたらした。[21]

このように、大学というフィールドにおける人的なネットワークと関係しながら、鶴見の活動は行われていた。そして、『思想の科学』には、室謙二や山口文憲ら「ベ平連」に関係する人物が関わっており、[22]ある時期の『思想

19　安田常雄（一九九二）「『思想の科学』・『芽』解題」安田常雄、天野正子編『戦後「啓蒙」思想の遺したもの』久山社、二一三ページ。鶴見俊輔（二〇〇九）「思想の言葉　態度と知識―『思想の科学』小史」『思想』二〇〇九年五月号、二ページ。

20　黒川創（二〇〇九）「はじめに　ほかの世界で、また会おう」『思想の科学』五十年史の会編『『思想の科学』ダイジェスト一九四六～一九九六』思想の科学社、ⅱページ。

21　同前、ⅱページ。

22　鶴見『期待と回想』五六四―五六五ページ、五六八ページなど。

の科学』は、室謙二や片桐ユズルが編集を行っている。また、『べ平連ニュース』には『思想の科学』の広告が掲載されている。さらに、この時期の「べ平連」『思想の科学』の関係者は、『フォーク・リポート』や『ニューミュージック・マガジン』といった音楽文化に関わる雑誌においても人脈が交差していたのである。

「べ平連」については、『思想の科学』の編集や「転向研究会」に参加し[23]「声なき声の会」で共に活動していた政治学者の高畠通敏と鶴見が、一九六五年にアメリカが北爆を開始したことに対してベトナム反戦運動を起こそうと相談をして小田実を中心にして結成された。[24] そして、『べ平連ニュース』は一九六五年一〇月に創刊された。

この「べ平連」という活動のフィールドは、『べ平連ニュース』などから知られるように、一九六五年には鶴見らの人的ネットワークにより『ニューヨーク・タイムズ』に、一九六七年には『ワシントン・ポスト』に反戦広告を出したり、「日米市民会議」や来日したサルトルとともに集会を開いたりしている。[25] そして、『べ平連ニュース』には、本書で言及する中川五郎や室謙二、片桐ユズルの文章も掲載されており、フォーク歌手のジョーン・バエズを呼んでコンサートも行っている。その時の模様は小林トミによって記録されている。小林はここでフォークソングのWe shall overcomeをみんなで歌ったと書いている。またこの記事は、『ワシントン・ポスト』紙へ掲載する全面広告と同じ一面に載っているのである。[26] さらに、バエズの記者会見も同じ面に掲載されている。ここからも「べ

23　同前、五六一ページ。

24　鶴見俊輔・上野千鶴子・小熊英二（二〇〇四）『戦争が遺したもの』新曜社、三六〇－三六一ページ、鶴見俊輔・小田実（二〇〇四）『手放せない記憶』編集工房SURE、一五－一六ページ。

25　例えば、『べ平連ニュース』より。以後『べ平連ニュース』からの引用はすべて、べ平連：〈べトナムに平和を！〉市民連合（一九七四）『べ平連ニュース・脱走兵通信・ジャテック通信・縮刷版』。また、「ベトナムに平和を！」市民連合編（一九七四）『資料・「べ平連」運動　上巻　中巻　下巻』河出書房新社、も参照。

26　小林トミ（一九六七）「「バエズを囲む夕」に出席して」『べ平連ニュース』一九六七年二月一日。

平連」という活動は、反戦運動のなかに文化や音楽が実践として使用される領域をも作っていたといえよう。[27] また、ここでは例えば、片桐ユズルの訳で「We Shall Overcome のかえ歌」が「おばけのQ太郎」のイラストとともに掲載されていて、これは、運動を「ユーモア」も交えながら紹介している『べ平連ニュース』の紙面作りの一つの特徴でもあると考えられる。

そして、「思想の科学」一九六七年一月号には、武藤一羊の「べ平連」に関する論考を始め、鶴見良行のハワード・ジンについての論考や、栗原幸夫、吉川勇一、小田実の連載などが掲載されている。この時期の「べ平連」と「思想の科学」は、鶴見が『期待と回想』において「高畠・大野（力）コンビで『思想の科学』を（経営的に）（経営的に）立ち直らせていった。[28]」［（）内は引用者の補足］というように、関わりが深いものであったのである。

このように、この当時には、鶴見を中心とした複数のメディアが交差した領域を構成していたのである。

2 「限界芸術論」から「流行歌の歴史」へ

ここでは、鶴見の「限界芸術論」を考察するために、鶴見の思想の出発点である「プラグマティズム」について本書との関わりから言及する。というのも、「限界芸術」を考察する際に取り上げられる、デューイやサンタヤナ、

---

27 『べ平連ニュース』一九六七年二月一日。
28 鶴見俊輔『期待と回想』、五六四ページ。

柳田國男などは鶴見の「プラグマティズム」とその応用の中で登場しているのであり、「プラグマティズム」の展開として鶴見の理論は構想されていたからである。

本章では『限界芸術論』が中心的なテクストとして分析されるが、それは、この著作における理論的パートである「芸術の発展」が、鶴見の芸術文化研究として最初期に体系だてられたものであり、鶴見の流行歌論にも引き継がれているからである。そして鶴見の芸術・文化の研究の中でも、『限界芸術論』はアメリカのプラグマティズム研究から続くものとしても意味があるであろう。ここから、フォークソングの理論的意味づけを与えようとした片桐ユズルのような論者に応用されて行ったのである。また、「流行歌の歴史」は「限界芸術論」の展開として位置付けられているものであり、特にフォークソング運動の関係者によって受容されていることも、鶴見の議論が文化に適用されていくプロセスを研究する本書において意義のあるものと考えられる。

【1】プラグマティズムから『限界芸術論』へ

鶴見は「プラグマティズム」について、その語源をカントにさかのぼり、「プラグマ」は「行為」を意味するものであるという。[29] 鶴見は、それを「もっと広く解する」と述べ、そして「ぼくは、プラグマティズムの思想の中に、まだ開発されていない資源があると思う。」[30] と続けている。

29　鶴見俊輔（一九五〇＝一九九一）「アメリカ哲学」『鶴見俊輔集一　アメリカ哲学』筑摩書房、九－一〇ページ。『アメリカ哲学』の初版は一九五〇年。

30　同前、一二六ページ。

鶴見は、「プラグマティズムの構造」として、それを「プラグマティズムの主唱者」が「倫理的」「論理的」「心理的」に解釈し、「功利主義的傾向」「実証主義的傾向」「自然主義的傾向」に思想を展開していったという。[31]「功利主義的傾向」においては、

> もし考えが行為の一部なら、考えは意志の主権化に属するものであり、考え自体としての基準の他に、行為の基準にも従わねばならぬ。行為の基準とは倫理的基準である。そして、プラグマティズムの主導者によれば、倫理的に正しいことは人間の利益になるたけ阻害せぬこと—つまり最大多数の最大幸福ということに当たる。[32]

そして、これが「功利主義的基準」であるということである。

続いて、「実証主義的傾向」では、言葉の意味についての分析として、「言葉はなんらかの行動の型をその意味として持つ」ということから、「意味なき文章」を排するという「運動」が始められるが、そこから「言葉がわれわれに与える影響」も意味を持つとした「第二の意味」が提唱された。そうすると「第一の意味をもたぬ文章も、ほとんどが第二の意味をもつこと」になるので、出来るだけ「第一の意味」を持つ文章が思想において「合格」するように努力するという「意味の二重基準」が考えだされる。[33]

31　同前、一四六ページ。
32　同前、一四六ページ。
33　以上、同前、一四六－一四七ページより。傍点は原文。

この提案に従って思想を展開するなら、われらは宇宙、宗教、人間、あるいは思想自身についていかに考えなくてはならぬかがプラグマティズムの思想体系となる。[34]

そして「自然主義的傾向」は、

これは心理機能としての考えをとりあげ、考えが行為の一環としてどのような性質を持つのかを解明する。（略）行為の一段階として思想を心理面において自然主義的に考察することは、心理学のみならず他の諸科学の援助を受けつつ、思想を研究することを意味する。[35]

といわれ、「真理」や「宗教」「人間」「宇宙」といったものとの関係についても「光明を投ずる」ということである。[36]このようなプラグマティズムの分類は、例えば「プラグマティズムと日本」において、柳田國男をプラグマティストとして捉える時にも活用されている。そして、鶴見はここから哲学を「いろいろの学問分野、いろいろの行動の分野に分散させること、それまずをすすめたい」と述べ、「哲学と日常生活の隅々の部分とを交流させる」[37]という思考も出てくるのである。

34　同前、一四七ページ。
35　同前、一四七ページ。傍点は原文。
36　同前、一四七ページ。
37　ここまでは、同前、二五九－二六一ページ。後半の引用はゴシック。

また、鶴見は「プラグマティズムの発達概説」において、プラグマティズムが「行動とむすびつけて意味をとらえる」というとき二つに区別する必要があるという。

> 一つは、ある思想が何をさししめすか〈指示対象〉をとらえることであり、言いかえれば、その思想を実証する行動がどんなものであるかを知ることである。（略）もう一つは、ある思想がどういう役割を果たしているか〈使い道〉をとらえることであり、言いかえれば、その思想を使う人々の行動がどんなものであるかを知ることである。（一）思想を実証する行動について知ること、（二）思想を使用する行動について知ること、これら二者は区別されなければならぬ。[38]

このように鶴見は、「行動」から思想を実証することと、その思想がいかに「使用」されるのかというところからプラグマティズムを捉えている。

次に、鶴見はプラグマティズムについてその「意味」における「記号」の側面に言及する。つまり、

> 記号〈思想でも、言葉でも〉をたよりとして、人間が世界に間接的に働きかけるさいに、人間が記号をとおして世界にたいしてもつ関係が、意味なのである。[39]

---

38 以上、鶴見俊輔（一九五七＝一九九一）「プラグマティズムの発達概説」『鶴見俊輔集一　アメリカ哲学』筑摩書房、二八二－二八三ページ。

39 鶴見俊輔（一九五六＝一九九一）「折衷主義の哲学としてのプラグマティズムの方法」『鶴見俊輔集一　アメリカ哲学』筑摩書

ここから、ラスウェルを取り上げながら、マス・コミュニケーションの問題、それはラジオや新聞における記号についても考察されることになる。「記号」に関しては、鶴見はさまざまな対象について分析を行っている。そして、このようなプラグマティズムは、日本においてはその始まりが「ジャーナリズム」における「時局批評の系列」の思想家たちであり、[40]戦後の「大衆芸術の分析および批評は、プラグマティックな方法によってすすめられて来た。」[41]と鶴見は述べている。

「限界芸術」には、このプラグマティズムの研究で取り上げられていた思想あるいは思想家が取り入れられており、それはこのような思想の問題圏の中から進められてきたと考えられる。[42]このことは、鶴見が「限界芸術論」を次に述べるように、「芸術とはたのしい記号と言ってよいであろう。」と書き始めている事からもわかる。つまり、それに接することによって、「たのしい経験となるような記号が芸術」であるということである。これは、プラグマティズムの記号論的な側面の芸術文化への展開なのである。

房、三〇六ページ。

40 同前、二九二ページ。

41 同前、二九四ページ。

42 鶴見は、元々アメリカにおいてプラグマティズムという哲学を学びその成果を『アメリカ哲学』として発表していた訳であるが、しかし、それはアメリカの哲学をそのまま紹介するに留まらず、日本における事例において展開したのである。元々、日本においてはプラグマティズムの輸入の歴史があったが、鶴見のプラグマティズムの日本的展開はこの流れの中にも位置づけられよう。

【2】『限界芸術論』と「芸術の発展」

『限界芸術論』の初版は、勁草書房から一九六七年に発行される。収録されている論考は、一九四〇年代後半に書かれたものから五〇年代六〇年に書かれた大衆芸術、マスコミ時評などである。これから考察する「芸術の発展」は、『限界芸術論』の冒頭に置かれており、その理論的前提といえるものであろう。この「芸術の発展」は、一九六〇年刊行の勁草書房『講座現代芸術』第一巻に収録されていたものである。この巻の収録論考は、阿部知二「芸術の社会史」、佐々木基一「芸術の発生」である。

そして、鶴見が京都大学人文科学研究所で共同研究を行っていたときに構想していたであろう「限界芸術」の基本的な思考は、すでに一九五一年の「ルソーのコミュニケイション論」[43]の中でも見られるのである。これが、後述するように「限界芸術論」とも関わっている「流行歌の歴史」の議論において言及されるところなのである。

ところで、鶴見は「芸術の発展」の「一　限界芸術の理念」の最初に、次のように書いている。

芸術とはたのしい記号と言ってよいであろう。それに接することがそのままたのしい経験となるような記号が芸術なのである。もう少しむずかしく言いかえるならば、芸術とは、美的経験を直接的につくり出す記号であると言えよう。[44]

43　鶴見俊輔、多田道太郎、樋口謹一、（一九五一＝一九七五）「ルソーのコミュニケーション論」『鶴見俊輔著作集一　哲学』筑摩書房、三九一ページ（初出は、桑原武夫編（一九五一）『ルソー研究』岩波書店）。

44　鶴見俊輔（一九六七）『限界芸術論』勁草書房、三ページ。

鶴見はここで、「美的経験を直接的につくり出す記号」を「たのしい記号」「たのしい経験となるような記号」から言い換えている。これは、先ほど見たようにプラグマティズムの記号論的な側面の芸術文化への適用である。なぜなら鶴見が捉える「美的経験」とは、自身のプラグマティズムにおいても取り上げたデューイやサンタヤナなどに言及することで考察されているからである。そして、ここで鶴見は、この「経験」を「美的経験」から捉えている。[45] 鶴見は「美的経験」の「ひろい領域」として、いわゆる「芸術作品」だけではなくメディアに媒介される「ラジオの流行歌やドラマ」という「大衆芸術作品」、あるいは「友人や同僚の声、家族の人の話などのほうが大きな美的経験であろう」と述べている。[46]

鶴見によれば「芸術作品」とは、

経験全体の中にとけこむような仕方で美的経験があり、また美的経験の広大な領域の中のほんのわずかな部分として芸術がある。さらにその芸術という領域の中のほんの一部分としていわゆる「芸術」作品がある。いいかえれば、美が経験一般の中に深く根をもっていることと対応して、芸術もまた、生活そのもののなかに深く根をもっている。[47]

45 『鶴見俊輔集第一巻　アメリカ哲学』、『鶴見俊輔集第二巻　先行者たち』筑摩書房。
46 鶴見俊輔（一九六七ａ）『限界芸術論』、五ページ。
47 同前、六－七ページ。

芸術の体系

芸術のレヴェル / 行動の種類	限界芸術	大衆芸術	純粋芸術
身体を動かす →みずからの動きを感じる	日常生活の身ぶり、労働のリズム、出ぞめ式、木やり、遊び、求愛行為、拍手、盆踊り、阿波おどり、竹馬、まりつき、すもう獅子舞	東おどり、京おどり、ロカビリー、トゥイスト、チャンバラのタテ	バレー、カブキ、能
建てる →住む、使う、見る	家、町並み、箱庭、盆栽、かざり、はなお、水中花、結び方、積木、生花、茶の湯、まゆだま、墓	都市計画、公園、インダストリアル・デザイン	庭師のつくる庭園、彫刻
かなでる、しゃべる →きく	労働の相手、エンヤコラの歌、ふしことば、早口言葉、替え歌、鼻歌、アダナ、どどいつ、漫才、声色	流行歌、歌ごえ、講談、浪花節、落語、ラジオ・ドラマ	交響楽、電子音楽、謡曲
えがく →みる	らくがき、絵馬、羽子板、おしんこざいく、凧絵、年賀状、流燈	紙芝居、ポスター、錦絵	詩
書く →読む	手紙、ゴシップ、月並俳句、書道、タナバタ	大衆小説、俳句、和歌	文楽、人形芝居、前衛映画
演じる →見る 参加する	祭、葬式、見合、会議、家族アルバム、記録映画、いろはカルタ、百人一首、双六、福引、宝船、門火、墓まいり、デモ	時代物映画	

鶴見は、「日比谷公会堂でコーガンによるベートーヴェンの作品の演奏会というような仕方」[48]で捉えられるものばかりではないところから芸術を考えている。それが「限界芸術論」であり、本来ならば芸術とは呼ばれない人々の日々の行いのなかに芸術を見ようというものであった。

そして、限界芸術について、鶴見は『限界芸術論』の「芸術の発展」において、芸術を「純粋芸術」、「大衆芸術」、「限界芸術」に分類している。

鶴見によると、「純粋芸術 Pure Art」は「今日の用語法で「芸術」と呼ばれている作品」であり、「大衆芸術 Popular Art」は「この純粋芸術にくらべると俗悪なもの、非芸術的なもの、ニセモノ芸術と考えられている作品」である。そして「限界芸術 Marginal Art」は「両者よりもさらに広大な領域で芸術と生活との境界線にある作品」と定義づけている。[49]つまり、「限界芸術」は「純粋芸術」や「大衆芸術」よりも人々の生活の領域にある活動を含みこんでいるのである。[50]

「純粋芸術」「大衆芸術」「限界芸術」について、次のように述べられている。

純粋芸術は専門的芸術家によってつくられ、それぞれの専門種目の作品の系列にたいして親しみをもつ専門的

48　同前、七ページ。
49　同前、六－七ページ。
50　これは、鶴見が京都大学人文科学研究所において研究をしていたころに、共同研究において執筆したルソーのコミュニケーション論にも現れている。鶴見俊輔、多田道太郎、樋口謹一（一九五一）「ルソーのコミュニケイション論」桑原武夫編『ルソー研究』岩波書店、同（一九七五）「ルソーのコミュニケーション論」『鶴見俊輔著作集一　哲学』筑摩書房。なお、筑摩書房の著作集に収録のこの論考は、多田、樋口との共同執筆である、と補記において述べられている。

享受者をもつ。大衆芸術は、これまた専門的芸術家によってつくられはするが、制作過程はむしろ企業家と専門的芸術家の合作の形をとり、その享受者としては大衆をもつ。限界芸術は、非専門家によってつくられ、非専門的享受者によって享受される。[51]

鶴見は、この三つの芸術を表1のようにまとめている。[52]

そして、鶴見は日本における「限界芸術」の問題を取り上げている者として、柳田國男、柳宗悦、宮澤賢治について言及している。[53] ここでは、柳田の民謡論から民謡を限界芸術として取り上げているところに注目したい。

そして、民謡の発生にさいしては、おそらく最初の歌い手と作者とは同一人物だったのであろうと推定してい

51　鶴見（一九六七ａ）『限界芸術論』七ページ。

52　ここで鶴見は「月並俳句」を「限界芸術」、「俳句」を「大衆芸術」に分類しているが、論考「第二芸術」（『世界』一九四六年一一月号）において「俳句」を「第二芸術」と呼んだ桑原武夫は、後年鶴見に言及し「短歌型文学については、鶴見俊輔氏の「限界芸術論」の考え方を参考にすべきだろう。」と述べている（桑原武夫（一九七六）「まえがき」『第二芸術』講談社学術文庫、八ページ。あるいは、桑原武夫（一九八〇）「自跋」『桑原武夫集　二』岩波書店、六二四ページ、など）。鶴見は「第二芸術」についてのエッセイで「結社が、根拠なき権威の発生に力をかすという事実への鋭い批判であることは、今も、その有効性を失っていない。」（鶴見俊輔（二〇〇二＝二〇一〇）「第二芸術論」『ちいさな理想』編集グループＳＵＲＥ、一九七ページ）、あるいはインタビューにおいて、「桑原さんは、俳壇のことを批判するかちで、日本社会の権威主義を批判したんですよ。芭蕉なんかくだらないとか、そういうことは言ってないんだ。」と述べている（鶴見俊輔・小熊英二・上野千鶴子（二〇〇四）『戦争が遺したもの』新曜社、二六四ページ）。

53　「二　限界芸術の研究」では柳田国男、「三　限界芸術の批評」では柳宗悦、「四　限界芸術の創作」では宮沢賢治が中心に取り上げられる。

る。「東京音頭」や「桜音頭」の流行をまねて、全国各地でつくられた「□□音頭」が「民謡」としてとおるようになり、こうして民謡がマス・コミュニケーションの通路にのせられた大衆芸術として転生しつつあった昭和初期において、柳田国男の民謡の定義は、はっきりと限界芸術の一様式としてとらえることで、民謡をなしくずしに大衆芸術にとけこませることからふせいだ。[54]

ここで柳田の民謡の定義は、民謡を「大衆芸術」とは違うところに設定しているということであるが、鶴見の「限界芸術」は「両者（「大衆芸術」と「純粋芸術」括弧内は引用者）よりもさらに広大な領域で芸術と生活との境界線にある作品」であることを考えると、「限界芸術」が「純粋芸術」や「大衆芸術」をつなぐものとして含意されていることは注目される。[55]

「限界芸術」について議論している長谷川幸延、福田定良との座談会において、鶴見は「大衆芸術」を「純粋芸術というものとは対立するものとして考えた」[56]と述べている。一方で「限界芸術」については、福田定良の話を受けて、

このあいだをどういうふうにつなぐのかというのが問題なんだ。〝限界芸術〟というふうな第三の種目を出し

---

54 鶴見（一九六七ａ）『限界芸術論』、一〇ページ。

55 鶴見によると、これは柳田が「流行歌の専門的作家」による「流行歌」としての「民謡」が流通しているものと「限界芸術としての民謡を区別するために」捉えられている。同前、一〇ページ。

56 鶴見、長谷川、福田（一九五六＝一九九六）「文化と大衆のこころ」『文化とは何だろうか』晶文社、一三三ページ。

たいわけだ。[57]

と述べている。

つまり「大衆芸術と純粋芸術とのもっと健全な交流過程をつくっていくことができるんじゃないかという、だいたいの処方箋を持っているんです。」[58]というように、「限界芸術」は「純粋芸術」と「大衆芸術」をつなぐコミュニケーションのメディアとしても機能しているということが含意されていると考えられるのである。[59]

ここから、日本のポピュラー音楽、流行歌の歴史について述べると、ポピュラー音楽は、たしかに「大衆芸術」としての側面、つまり「専門家」によって作られ、大衆という享受者（オーディエンス）を持つが、フォークソングの例やその後のポピュラー音楽史において「限界芸術」としての契機というのは常にそこに入り込んでいると考えられる。そして、鶴見が日本の中世以降の歌謡が「純粋芸術」と「大衆芸術」として発展するために、「限界芸術」の成立と交流があると述べていたことも考え合わせることができる。[60]

このことに関して、批評家の菅孝行は、『限界芸術論』について鶴見が、

57　同前、一三五ページ。
58　同前、一三五 - 一三六ページ。
59　鶴見は別のところでも、「大衆芸術」を「限界芸術」に「強く結びつけることが必要である」と述べていた。鶴見俊輔（一九六四）「大衆芸術」清水幾太郎編『現代思想事典』講談社新書、四三三ページ。
60　鶴見（一九六七ａ）『限界芸術論』、一八ページ。

「大衆芸術」を論じる時にも必ずそれらを限界芸術として論じるのである。[61]

と述べる。しかし菅自身も、

「純粋芸術」も、「大衆芸術」も、限界芸術としての発生史を内在させている。[62]

と書いているところから、「純粋芸術」「大衆芸術」のなかに「限界芸術」の発生の契機が孕まれているということにも目を向けることができるだろう。そして、この「限界芸術」が、「大衆芸術」に流入している契機が見られるのが「流行歌」の問題なのである。それをこれから取り上げて行きたい。

3　「流行歌の歴史」

【1】『限界芸術論』と「流行歌の歴史」

鶴見の「限界芸術」は、本来ならば芸術とは呼ばれない人々の日々の行いのなかに芸術を見ようというものであ

61　菅孝行（一九八〇）『鶴見俊輔論』第三文明社、一四五ページ。
62　同前、一四六ページ。

る。ここで取り上げたいのは、先ほども言及したように、むしろ「限界芸術」が「大衆芸術」に入り込む契機である。それを展開しているのが「流行歌の歴史」という論考である。

しかし、この「流行歌の歴史」は、最初に勁草書房から出版された『限界芸術論』には収録されているものの、その後に編集されて発売された、いくつかの「限界芸術論」に関する書籍には再録されていない。それでも、この「流行歌の歴史」は「限界芸術論」を理解し、議論を展開するための知見が含まれていると考えられるのである。

その後いくつかのバリエーションのある『限界芸術論』が初めて出版されたのは勁草書房版であり、そこには「流行歌の歴史」が収録されている。もともとこの論考は、『日本の大衆芸術』に初めて発表されるわけだが、これから取り上げるように「流行歌の歴史」における記述から、それは『限界芸術論』における理論的な記述である「芸術の発展」と関わりがあることがわかる。

この「流行歌の歴史」は、加太こうじ・鶴見俊輔他著『日本の大衆芸術』（社会思想社）（鶴見、加太ほか 一九六二）に発表された後、『限界芸術論』（勁草書房）（鶴見 一九六七ａ）に収録される。勁草書房版の目次から確認しておけば、「芸術の発展」「黒岩涙香」の次に限界芸術論と関連する論考となっている。[63]

勁草書房『限界芸術論』初版の目次は次のとおりである。

芸術の発展

黒岩涙香

63　これは、一九八二年の新装版でも変わらない。

流行歌の歴史
大衆芸術論
マスコミ時評
視聴者参加番組について
「松竹新喜劇アワー」の人間像
私の愛読した広告　新聞小説論
チェンバレン著『日本ふうのもの』
これはフリードリッヒ大王の書いた本か？
あとがき
索引

勁草書房版『限界芸術論』は、「芸術の発展」の後に「黒岩涙香」と続く。この順序は、講談社学術文庫版『限界芸術』でも同じである。これが、ちくま学芸文庫版『限界芸術論』では「大衆芸術論」が先に収録され、その次に「黒岩涙香」の順序となる。

しかし「流行歌の歴史」は、その後に編集されて発売された、講談社学術文庫『限界芸術』（一九七六年）、あるいは、筑摩書房『鶴見俊輔集六　限界芸術論』（一九九一年）、ちくま学芸文庫『限界芸術論』（一九九九年）には収録されていない。最初の著作集である『鶴見俊輔著作集四　芸術』筑摩書房（一九七五年）、には再録されているのだが、その巻末の初出一覧においても「流行歌の歴史」は『日本の大衆芸術』に発表されていたとの記述はあるものの、勁草書房版の『限界芸術論』（一九六八年）に収録されていたという記録がなくなっている。

そして、一九九一年に出版された『鶴見俊輔集六　限界芸術論』（筑摩書房）では、解題で「著者の芸術の領域における業績をまとめて一巻とした。」[64]とあるが、編集は、最初は「芸術の発展」から始まっているものの、勁草書房版の『限界芸術論』とは収録内容も順序も異なっている。

講談社学術文庫版の『限界芸術』は、勁草書房版から、

流行歌の歴史
大衆芸術論
視聴者参加番組について
「松竹新喜劇アワー」の人間像
私の愛読した広告
新聞小説論

が省略され「まえがき」と山本明の解説が付されている。

また、ちくま学芸文庫版は、筑摩書房の『鶴見俊輔集六　限界芸術論』の編集を踏襲しているが、『集』に所収の「大夫才蔵伝」が省略されている。ここでも「流行歌の歴史」は収録されていない。「流行歌の歴史」は一九七〇年出版の『流行歌の秘密』（加太こうじ、畑実夫編、文和書房）にも転載されているが、ここでは『日本の大衆芸術』から

64　鶴見俊輔（一九九一）『鶴見俊輔集六　限界芸術論』筑摩書房、四八五ページ。

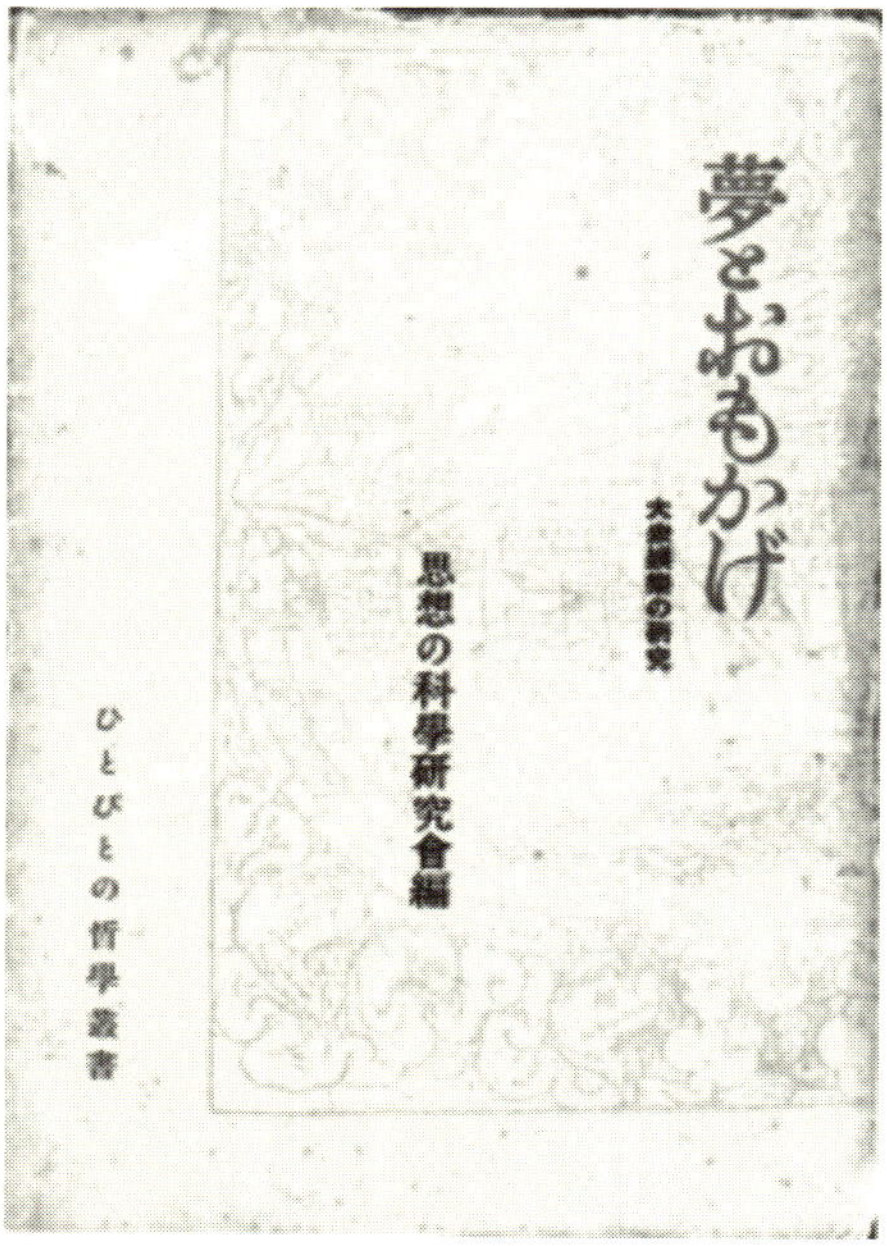

『夢とおもかげ』中央公論社、1950 年

勁草書房版『限界芸術論』に収録されたとの記述がある。[65] この『流行歌の秘密』は、「思想の科学研究会」における「ひとびとの哲学」である大衆文化研究の初期の成果、『夢とおもかげ』から再編集されたものであり、ここで鶴見は『夢とおもかげ』にもともと収録されていた「日本の大衆小説」に代わって「流行歌の歴史」を再録している。

　ここまでの議論から、「流行歌の歴史」と『限界芸術論』、その後の関連する書籍についてまとめると以下のようになる。

「流行歌の歴史」『日本の大衆芸術』社会思想社、に収録　一九六二年

『限界芸術論』　初版　勁草書房　一九六七年「流行歌の歴史」を含む。

『鶴見俊輔著作集四　芸術』筑摩書房　一九七五年（最初の著作集　解説　多田道太郎（京大人文研の共同研

65　加太こうじ、畑実夫編（一九七〇）『流行歌の秘密』文和書房、四〇六ページ。

究者）「流行歌の歴史」収録。しかし、解題において『限界芸術論』に収録されていたとの記述はなし。

『限界芸術』講談社学術文庫　一九七六年　解説　山本明（同志社大学の同僚）「流行歌の歴史」収録されず。

『鶴見俊輔集六　限界芸術論』筑摩書房　一九九一年「流行歌の歴史」収録されず。

『限界芸術論』ちくま学芸文庫　一九九九年　解説　四方田犬彦「流行歌の歴史」収録されず。

【2】「流行歌の歴史」

このように「流行歌の歴史」は勁草書房版『限界芸術論』以降は収録されておらず、鶴見の文化論、限界芸術論における音楽文化と大衆芸術の関係がわかりにくくなっている。

しかし、この論考には「限界芸術論」が展開される知見が含まれていると考えられる。ここで注目するのが、「流行歌の歴史」において鶴見が、「大衆芸術」としての流行歌は「ふし言葉」として「限界芸術」と密接な関係を持っていると「大衆芸術」と「限界芸術」をつなぐ議論を展開しているところである。

歌は、人間の肉声のもつ音楽的価値をみがきあげてゆく方向に発展してゆくのと、言語のもつ音楽的価値をみがきあげてゆく方向に発展してゆくのと、二つの道すじをとる。純粋芸術（少数専門家によってつくられ少数専門的

> 鑑賞者によって享受される）の様式としての声楽は、人間の肉声のもつ音楽的価値をひきだす仕事と主としてとりくんできた。大衆芸術（少数専門家によってつくられ多数の非専門的鑑賞者によって享受される）の一つの様式としての流行歌は、それぞれの民族がそれぞれの時代に用いた言語の音楽的価値をひきだすことに大きく力をさいてきた。この意味で、流行歌は、それぞれの時代でぐるぐるまわる「ふし言葉」という限界芸術（非専門家によってつくられ非専門家によって享受される）の様式と密接な関係をもって発展してきた。[66]

先ほどの柳田の民謡論から「限界芸術」を考察するときに、鶴見は「大衆芸術」と「限界芸術」について触れていた。それは「限界芸術」は、民謡が「大衆芸術」化されるものとは区別されるものであるということであった。しかし、ここで鶴見は「流行歌の歴史」を「限界芸術」と「大衆芸術」が関わる観点から分析しており、メディアとの結びつきが強くなっている文化を考えるときに示唆に富む論考であると思われる。これは、鶴見が柳田国男について議論を行っていた、

> 現代においても、純粋芸術・大衆芸術の発展の契機は、限界芸術に求められる。言語を素材として使用するかぎり、言語による純粋芸術・大衆芸術の最小粒子は、民衆が毎日つくっている限界芸術なのである。[67]

---

66 鶴見俊輔（一九六七ａ）『限界芸術論』勁草書房、一四七ページ。傍点は引用者。初出は、鶴見俊輔（一九六二）「流行歌の歴史」鶴見俊輔・加太こうじ他『日本の大衆芸術』社会思想社。

67 鶴見俊輔（一九六七ａ）『限界芸術論』勁草書房、二一一ページ。

というところからも考え合わせることが出来るだろう。

もう一つは、替え歌である。鶴見は、一高寮歌が行軍用の軍歌として歌われ労働歌となった「きけ万国の労働者」の例から、労働運動の歌を軍歌から転用するという、ある部分で民衆文化における文化の「流用」という議論を展開しているのである。[68]

また、鶴見は『限界芸術論』を出版した後に「限界芸術論再説」を書いている。そこでも「替唄」を「限界芸術」の例として言及しているのである。

> 例を上げれば、大衆芸術は、島倉千代子とか坂本九とかの歌う唄です。まああれはすぐ誰でも歌えるってものではないでしょ。しかし、大衆は別に予備知識もなく享受できる。純粋芸術は、ジェームス・ジョイスの小説とかそうふうなものですね。そんなにたくさんの読者はいなかった。日本の私小説も純粋芸術に当たるでしょうね。芸事でも清元とか義太夫とかそういうものは、現在は純粋芸術に当たるかもしれない。文楽もそうでしょうね。これはつくるほうも専門家だが、享受する側にも専門的知識が必要なんです。そして限界芸術というのは、われわれの生活のなかに、普通にあるものですよ。掃除をしながら鼻唄を歌うとか、もっと集団的な形だったら、盆踊りとか阿波踊りとかいうものですね。この限界芸術という考え方を思い立ったのは、私の軍隊の体験からです。兵隊が何もない状態になると、替唄をつくっているんです。[69]

68　文化の流用については、太田好信（一九九八）『トランスポジションの思想』世界思想社の議論も参照。

69　鶴見俊輔（一九六九ａ）「限界芸術論再説」『講座　現代デザイン四』風土社、七三ページ。傍点は引用者。

このように、鶴見が「限界芸術論」へ注目するときに、「流行歌の歴史」はその応用となっているのである。あるいは「流行歌の歴史」の最初の記述には、「限界芸術」の基本的な思考が出ている。そこで言及されているのが「ルソーのコミュニケイション論」である。

鶴見は次のように述べる。

ルソーが、音楽および言語の歴史の共通かつ最初の段階として思いうかべた、音楽としての言葉、言葉としての音楽という考えは、とくに流行歌を論じる時に、今日のわれわれのみちびきの糸となる。[70]

そしてこの注に、「ルソーのコミュニケイション論」への参照が書かれているのである。

鶴見はルソーのコミュニケーション論を始める時に、コミュニケーション史の問題として、音楽や詩や絵が民衆の活動の中から生み出されると描いている。[71] そして、「それぞれの時代の残す音楽や詩や絵は、同時代の民衆の行った鼻歌や調子づいた音楽やラクガキなどの上に積み重ねられたもので」[72] あるということである。これが、鶴見が「流行歌の歴史」において参照しているルソーから導かれたものである。つまり、ここでは時代の表現は民衆の行いと重ね合わされたものであるということである。

70　鶴見俊輔（一九六二＝一九六七ａ）「流行歌の歴史」『限界芸術論』勁草書房、一四七ページ。
71　鶴見俊輔、多田道太郎、樋口謹一、（一九五一＝一九七五）「ルソーのコミュニケーション論」『鶴見俊輔著作集一　哲学』筑摩書房、三九一ページ（初出は、桑原武夫編（一九五一）『ルソー研究』岩波書店）。
72　同前、三九一ページ。

そして鶴見の「流行歌の歴史」のなかで注目するのが、「限界芸術」の「大衆芸術」への広がりである。先ほども引用したように、鶴見は「流行歌の歴史」において、「大衆芸術」としての流行歌は「ふし言葉」として「限界芸術」と密接に関係していると述べている。[73]

「ふし言葉」とは「子供が指きりをする時に調子をつけてうたうように言う「ユビキリ、カンケリ、カンダノオバサン」のような調子のある言葉のこと」[74]であり、これが「ジンジロゲ」や「スーダラ節」のように「大衆芸術」に取り入れられた場合も多いとの事である。そして、メロディに「ふし言葉」があてはめられて替え歌が歌われたりもする。[75] これは「限界芸術論」の適応として、本書の議論において注目するところである。

また、鶴見は彼の文化論のなかで、「限界芸術」である人々のなかにある文化とともに『がきデカ』のような漫画や三遊亭円朝の落語などのいわゆる「大衆芸術」を取り上げており、「限界芸術」と「大衆芸術」の区分はあるものの、両者は必ずしも排他的ではないと考えられる。つまり、鶴見の言う「大衆芸術」のなかにも「限界芸術」の要素というのは流入しており、必ずしも「大衆芸術」は大衆社会論者のいうようなマスメディアに操作されたものばかりではないのである。[76]

【3】芸術と文化、フォークソング運動へ

73　鶴見俊輔「流行歌の歴史」『限界芸術論』勁草書房、一四七ページ。

74　同前、一四七ページ。

75　同前、一四七－一四八ページ。替え歌については、次章で考察するフォークソングの議論においても取り上げる。

76　これは、次に考察するように、アドルノのような文化産業論とはニュアンスが異なるところである。

一九五〇年代には「芸術の大衆化」についての議論が行われていた。たとえば、野間宏は、鶴見も執筆者の一人であった勁草書房『講座現代芸術』のなかで、芸術と大衆との関係について述べている。[77] そこで野間は、大衆と芸術との関係は戦前のプロレタリア文学運動においても見られたが、戦後はマス・コミュニケーションのなかで生命を得た落語のようなものとは対立するサークルによる集団的な芸術との関わりがあるという。[78] 野間の論考が掲載されていた『講座現代芸術』は、社会学者の日高六郎の論考や、桑原武夫、多田道太郎、樋口謹一らの共著の論考なども収録されており、第三巻は、芸術を社会や大衆との接点において考察するという視点が導入されていた。[79]

そして、この『講座現代芸術』には、鶴見の『限界芸術論』における「芸術の発展」が最初に収録されていたことにも注目したい。このような五〇年代の芸術と大衆の議論は、六〇年代には鶴見が取り上げるような大衆文化の中にも展開されていったのである。[80] 五〇年代に提起された芸術と大衆の関わりは、六〇年代に一部のフォークソングの動きにも実践されたと考えられるのである。[81]

---

77 鈴木勝雄（二〇一二）「集団の夢」鈴木勝雄ほか編『実験場1950s』東京国立近代美術館、一二ページ。

78 野間宏（一九五八）「芸術の新しい担い手」『講座現代芸術Ⅲ　芸術を担う人々』勁草書房、二四四－二四八ページ。

79 ここで、東京大学新聞学研究所の助教授であった日高六郎は、アメリカの大衆文化に関する書物からその特徴を分析している。日高六郎（一九五八）「大衆社会における芸術と大衆文化」『講座現代芸術Ⅲ　芸術を担う人々』勁草書房。

80 社会学者、見田宗介の『近代日本の心情の歴史』において挙げられているのが、鶴見の限界芸術論、そして『思想の科学』における共同研究の成果『夢とおもかげ』、あるいは園部三郎『日本民衆歌謡史考』などであった。見田宗介（一九六七＝二〇一二）『近代日本の心情の歴史』『定本見田宗助著作集』岩波書店、園部三郎（一九六二）『日本民衆歌謡史考』朝日新聞社、など。

81 野間の論考においては、マス・コミュニケーションにはネガティブな評価がされていたが、六〇年代のフォークソング運動には深夜ラジオやレコードのようなメディアが重要になってくるのである。その後、芸術と文化をめぐる問題はマス・コミュ

『限界芸術論』は鶴見の手を離れ、六〇年代末から七〇年代初頭の関西のフォークソングの動きに引用、流用され、それが音楽やそれと関連する「東京フォーク・ゲリラ」にについての著作へも展開されていった。そして、鶴見の「流行歌の歴史」における替え歌についても、後に言及するように、フォークソングという「民衆」「ひとびと」のうたの持つ意味にも影響を与えていたと考えられるのである。[82]

4　鶴見俊輔と文化研究

ここでは、鶴見が『限界芸術論』において「大衆芸術」と定義されていた大衆の文化について、関連する思想家の議論を比較しておく。そうすることで、鶴見の議論と大衆文化を論じる知識人の思想方法において、どのようなところが相似し、また分かれていくのかが明らかになると思われる。

ニケーションとの関係を考慮せざるを得なくなる。

82　第二章で考察するように、「流行歌の歴史」は、片桐ユズルが「替歌」論を展開する上でも参照されていたと推測される。また鶴見自身は一九六八年の五月に、片桐ユズルとラジオ関西の番組で対談を行っている。そのタイトルは「歌が時代を変える」であった。片桐ユズル（一九七五）『関西フォークの歴史についての独断的見解』URCレコード、三ページ。本書で考察する六〇年代末からのフォークソング運動において（「流行歌の歴史」を含む）鶴見の『限界芸術論』は展開され、鶴見自身もこの時期の関西の音楽文化の関係者と交流していたのである。

【1】アドルノの大衆文化論との比較

ここから言及するのが、鶴見もインタビューで語り、六〇年代に編さんした『大衆の時代』にも論考が収録されているフランクフルト学派の社会学・哲学者、テオドール・アドルノ、そして現代への展開としての文化研究の問題圏についてである。

鶴見は二〇〇九年に行われたインタビューにおいて、[83]『思想の科学』の活動がフランクフルト学派と相同性があると述べているが、それでは大衆文化の考え方において、それはどう相似し、また異なっているのか。

例えば、フランクフルト学派をマックス・ホルクハイマーとともに代表するアドルノは、大衆文化について、「文化産業」という有名な議論を『啓蒙の弁証法』[84]において行っている。文化産業とは何か。それは彼らが亡命中に経験したアメリカ社会の大衆文化のことであるといわれている。[85]

文化産業については、ある論者によって次のようにまとめられている。

> 文化産業は商品フェティシズムを強化し、交換価値の支配と国家独占資本主義の優勢を反映する。それは大衆

---

83 「〈インタビュー〉『思想の科学』の原点をめぐって——鶴見俊輔氏に聞く」『思想』二〇〇九年五月号。

84 Max Horkheimer, Theodor W. Adorno (1944) *Dialektik der Aufklarung: Philosophische Fragmente.* ホルクハイマー＝アドルノ（二〇〇七）『啓蒙の弁証法』（徳永恂訳）岩波書店

85 Theodor W. Adorno (1975) "Culture Industry Reconsidered" (trans Anson G. Rabinnbach, *New German Critique*, 6) Theodor W. Adorno (1991) *The Culture Industry: Selected essay on mass culture*, Routledge. p. 85.

の趣味や嗜好を形成し、そのために彼らの欲望をニセの欲求にとりこんで、その意識を鋳型にはめてしまう。[86]

アドルノによれば、大衆は「計算の対象や機械の付属品でしかない。」[87]ということである。

アドルノのテレビ批判については、鶴見が同志社大学教授時代に大学院生も参加して訳した「テレビと大衆文化の諸形態」がある。[88]ここでは、テレビ番組による「お定まり型《ステレオタイプ》」ということについて述べられている箇所がある。これは、テレビ番組のジャンル（西部劇、コメディなど）によって人々には番組を見る前にその内容が伝わり、またテレビ制作の技術は「お定まり型」を生み出す、そして人々はテレビのきまり文句（cliché）に理解出来てないもの（ununderstandable）を秩序立てているような気になるということである。それが結局は現実に対する洞察力を失うということであった。[89]

このようなアドルノのテレビの理解は、彼のポピュラー音楽論においても同じようなタームが用いられ語られている。アドルノは、アメリカ亡命中に「ポピュラー音楽について」[90]というポピュラー音楽批判を書いている。ここ

---

86 Dominic Strinati (1995) *An Introduction to Theories of Popular Culture*, Routledge. pp55-56. ドミニク・ストリナチ（二〇〇三）『ポピュラー文化論を学ぶ人のために』（渡辺潤ほか訳）世界思想社、八四ページ。訳は一部変更。

87 Adorno (1975) "Culture Industry Reconsidered" p. 85.

88 アドルノ（一九五四＝一九六九）「テレビと大衆文化の諸形態」（平沢正夫訳）鶴見俊輔編『大衆の時代』平凡社。

89 同前、一六五‐一六七ページ。この論文は、'How to look at television' を翻訳したものである。ここでの引用は、'How to look at television' は The Quartery of Firm, Radio & Television, 8 (3) から、Adorno (1991) *The Culture Industory: Selected essay on mass culture*, Routledge. に転載された論文を参照した。

90 テオドール・アドルノ（1941＝二〇〇二）「ポピュラー音楽について」『アドルノ　音楽・メディア論集』（渡辺ほか訳）平凡社。この論文は、最初は英語で発表された。英文は、Theodor W. Adorno (1941) "On Popular Music" Theodor W. Adorno (2002) *Essay*

でアドルノが取り上げているのが、ポピュラー音楽（ジャズ）が孕む「規格化（standerdization）」という契機である。アドルノによれば、ポピュラー音楽には私たちが「あの曲」であると同定する手がかりになるような、型にはまったサウンドやフレーズの「グラマー（魅力）」「プラッギング」が用いられている。「プラッギング」とは、もともとは特定のヒット曲を「大当たり」させるためにしつこく繰り返すという意味であったものが、聴取の習慣を画一化し規格化するために作曲、編曲するという広い意味に使われているという。[91] アドルノはポピュラー音楽は「紋切り型《ステレオタイプ》」であると述べていたが、ここにはテレビに見られる「お定まり型《ステレオタイプ》」と同じ問題関心が見られる。[92]

またアドルノは、ポピュラー音楽においては、それが受容されるときに「理解（understanding）」と「識別（recognition）」とが一緒になっているという。[93] 反対に、シリアス（芸術）音楽において音楽を理解するということは、そのような識別を新しいものの出現に向かわせるというのである。[94] つまり、一方でシリアス音楽には音楽の新たな世界が広がっているが、耳が退化した聴衆には音楽を評価するということにおいて、それを理解することではなく、ただ再確認するに過ぎないということである。[95]

---

on Music, University of Carifornia Press. を参照している。

91 これが広告と結びつくことによって「音楽のグラマー」という規格に合うように音楽が達成され、それが聴衆に自分の知っているヒット曲であると同定される。アドルノ「ポピュラー音楽について」一五六－一六一ページ。

92 Adorno" How to look at television" pp. 147-151. 訳、一六七－一七二ページ。アドルノ「ポピュラー音楽について」一四七ページ。なお、鶴見編『大衆の時代』の翻訳では standerdization は「標準化」であり、これは「ポピュラー音楽について」Adorno (1941=2002) " On Popular Music" でも取り上げられている概念である。

93 そしてここでは、「識別」が目的になってしまっているのである。

94 アドルノ「ポピュラー音楽について」一六八ページ。原文を参照の上、訳を一部変更しているところがある。

95 同前。また、アドルノは『音楽社会学序説』において、音楽聴取をいくつかの型に分けている。そこで登場する「エキスパー

このようなアドルノのメディア論と、鶴見によって一九五〇年に発表されたメディア論「映画と現代思想」を比較してみると、鶴見は、アメリカのテレビの状況から警鐘を鳴らしていた。

それは活字からテレビへの思考の変化であり、

①思索力（象徴化の能力が低くなる）

②思索が自由でなくなりより大きな統制を受ける

③少数派団体の意見は大衆に伝わらない[96]

ト」による「構造的聴取」といわれる聴取の態度を取り上げよう。これは、アドルノが観察したように、ジャズを聞くオーディエンスにも見られる「専門家」を指すものではなかった。ジャズの「専門家」は自分のことを前衛的であると思い込んでいるだけであり、アドルノが「専門家」であると考えている聴取態度における「構造的聴取」とは、完全な自覚のもとに各々の音が構造的に連関しているものとして聴き逃すことなく聴き取る態度なのであった（Theodor W. Adorno (1962) *Einleitung in die Musiksoziologie*, テオドール・アドルノ（一九九九）『音楽社会学序説』（高辻知義・渡辺健訳）平凡社、第一章「音楽に対する態度の類型」一三－二四ページ）。しかし、本書で分析している音楽文化、たとえばフォークソングや中津川のフォークジャンボリー、その他の音楽のイベントにおいては、音楽の聴取は純粋に音楽だけをノイズを排した密室で聴くという行為を行っているのではない。むしろ、様々な形態による音楽への接し方、つまりは雑踏のなかで音楽を聴き歌い友人たちと話をしながら聴く、あるいは野外の会場で踊るというような参加の形態を取っているということが指摘される。これは、最近盛んに行われている野外音楽フェスやクラブのような空間にも共通して言えることである。音楽は美的な体験のみには限られない、さまざまな状況のなかで人々によって解釈され消費されているのである。考えてみれば、ポピュラー音楽やポピュラー文化とはその時の社会状況に大いに関係し、その解釈も多様なものとして存在している。もともとは若者文化の象徴であったビートルズの音楽が、現在では学校の教科書に載るようになったというのはそのいい例であろう。時代によって解釈が変わることがあるのである。

96　鶴見俊輔（一九五〇＝一九五五）「映画と現代思想」『大衆芸術』河出書房、一三－一四ページから要約。旧字は新字に変更している。以下同じ。

ということであった。

鶴見の議論において、テレビに対して警鐘が鳴らされていたのがオーディエンスの「思索力」が奪われていくということであった。これは例えば、鶴見の、

映画やテレビジョンにあっては、向こうから一方的に或速度で思想が流れこんでくるので、それについて吟味することがしにくい。[97]

という大衆の思索のレベルが低下していくことについての言明のように、アドルノと近いメディアに対する危機感であると思われる。[98] またこの「思索力」については、これまで考察して来たアドルノのいう「理解と識別」という契機とも近い認識であると思われる。つまり、テレビやポピュラー音楽は、「思索力」や「理解と識別」というような能力が十分に必要とはされていないということである。

しかし、鶴見の大衆文化への向き合い方は、アドルノのような資本主義や社会構造に対する批判的思考から大衆文化について思考しているということだけでは必ずしもなく、むしろ、その後の「解説　大衆の文化」における

97　同前、一四ページ。
98　しかし、鶴見はこの後に続けて、このような困難な状況にどのように対応すればいいのか、ということについても述べている。同前、一五－一七ページ。

「大衆が自分の私性の責任においてずらして解釈してゆく方向ではじめて大衆文化となる。」[99]という一文に見られるように、「ひとびと」の行為についてコミュニケーション論の観点から導かれるものであると言える。それは次に見るように、カルチュラル・スタディーズにおけるオーディエンスの能動性に関する議論にも通じるところがあると考えられる。[100]

【2】芸術、文化、コミュニケーションと「大衆」の思想

ここでは、文化をめぐって、カルチュラル・スタディーズと鶴見の議論を比較する。鶴見とカルチュラル・スタディーズは、両者の間に対象の捉え方など共通するところがあると思われる。それは、オーディエンスのメディア読解の議論[101]と鶴見の大衆の捉え方である。もちろん、異なるところもある。それは例えば、カルチュラル・スタディーズにおける理論的遺産とも言われるレイモンド・ウィリアムズ[102]と比較してみればわかる。このことは、コミュニケーション論の考え方に現れているのである。

ウィリアムズに代表される「文化主義」とも言われる思想潮流は、鶴見の「限界芸術」といわれるようなところ

---

99 鶴見俊輔（一九六九b）「解説　大衆の時代」鶴見俊輔編著『大衆の時代』平凡社、一九ページ。

100 また、鶴見の文化に対するまなざしは、対象を具体的な状況において捉えるという方法が取られていると考えられる。これは中川五郎の裁判で証言台に立ったときの鶴見の発言からも伺える。

101 Stuart Hall (1980) "Encoding/decoding," Stuart Hall et al eds., *Culture, Media*, Language, Routledge.

102 ウィリアムズは文化や芸術に関する著作を著し、例えば文化と芸術を考察する際に、ピエール・ブルデューによっても言及される社会学と文化研究をつなぐ論者である。

を取り上げているわけではない。また、鶴見のコミュニケーション論は市井三郎によれば記号や言語とまとめられるものであり[103]、ウィリアムズのような「コミュニティ」とのつながりは強調されていない。ただし鶴見はロバート・レッドフィールド『小さなコミュニティー』の書評[104]において、「コミュニティ」の中の「ただの〝ひとびと〟」を見ようとしており[105]、「コミュニティ」については無関心ではないと思われる[106]。しかし、もちろん鶴見はウィリアムズが『長い革命』[107]において考察していた「社会構造」を方法論のなかで取り上げることはしてないし、鶴見が重視しているのは「個人の伝記」という「個人の生活記録」や「創造的な小集団」という対象であったのである。

そして、鶴見のいう「民衆の知恵」[108]や「限界芸術論」における「非専門家」といった考え方は、マス・コミュニケーションに向き合い、またその外のところで、人々が様々なメディアと能動的に関わりながら生活して活動しているというような観点が見られる。たとえば、鶴見は「大衆の思想」（一九五九年）[109]において、「生活綴り方・サークル運動」を考察する上で、そこに定義を与えている。鶴見は「大衆」の定義は難しいとし、それを「思想的な意味

---

103 市井三郎（一九七六）「解説」『鶴見俊輔著作集一　哲学』筑摩書房、四七七ページ。

104 鶴見俊輔（一九五五＝一九七六）「ロバート・レッドフィールド『小さなコミュニティー』」『鶴見俊輔著作集一　哲学』筑摩書房、二六八－二七五ページ。

105 市井「解説」、四七三－四七四ページ。

106 なお、粟谷（二〇〇八）『音楽空間の社会学』青弓社において、カルチュラル・スタディーズのオーディエンス研究、ウィリアムズやコミュニタリアニズムの思想家チャールズ・テイラーの「コミュニティ」について分析している。

107 Raymond Williams (1961=2001) *The Long Revolution*, Broadview Press. レイモンド・ウィリアムズ（一九八三）『長い革命』（若松繁信ほか訳）ミネルヴァ書房。

108 鶴見俊輔（一九五五）「伝記について」思想の科学研究会編『民衆の座』河出書房。

109 鶴見俊輔（一九五九＝一九七〇）「戦後日本の思想　大衆の思想」『鶴見俊輔著作集二』筑摩書房。

における大衆ということに限定したい」[110]と述べる。そして「大衆」を「大学所属の研究者、更に商業雑誌の常連の執筆者となっている作家、評論家を除き、それ以外の人々の持っている思想的な生産性」[111]と定義する。また、「大衆を単純な、量的なかたまり、マスとしてではなくて、大衆の中の創造的な小集団を考えていくことが必要になる」と「その中に分裂を含んでいる」ようなかたまりではなく「創造的な小集団」を想定していた。[112]鶴見は「大衆」の中に「思想性な生産性」を見ようとしていたのである。

それが、鶴見が同志社大学教授時代に編集した『大衆の時代』(一九六九年)においては、カルチュラル・スタディーズのオーディエンス研究とも近い考え方をもっていたと取れる一文がある。その「解説　大衆の時代」には、

こうした人間の立場から、大衆文化を考えるならば、この大衆文化は、今日の資本主義諸国のマス・コミュニケーションの上に姿をあらわしていない大衆文化であり、マス・コミュニケーションのあたえる大衆文化にたいして、大衆が自分の私性の責任においてずらして解釈してゆく方向ではじめて大衆文化となる。[113]

あるいは、

110　同前、二六四ページ。
111　同前、二六四ページ。
112　引用は同前、二六四ページ。
113　鶴見俊輔(一九六九)「解説　大衆の時代」鶴見俊輔編『大衆の時代』平凡社、一九ページ。ここで、鶴見に大衆文化の問題として「替え歌」について取り上げていた。「替え歌」については同前、一一二ページ。

現在の資本主義諸国のマス・コミュニケーションのつくりだす大衆文化の世界性にたいして、自分個人また自分たちの私性に依拠したえずこれを変形してゆくことが、私たちの日常の努力となる。消極的な防衛と見えるこの努力のつみかさねが、日常生活の部分で積極的な反撃とむすびつけられるならば、大衆文化にとって新しい道がふみかためられてゆく。[114]

というように「ずらして解釈」し「変形してゆく」という、大衆が働きかけることによる能動性と大衆文化の可能性について言及されているのである。[115] これは、次章以降でも分析する「民衆」や「大衆」の活動を捉えるときに意義のあるものであると思われる。

ここで注目するのが、鶴見が「芸術の発展」において柳宗悦の議論を「使用」との観点から分析していることである。[116] 鶴見は「芸術の発展」のなかで柳について言及しながら、

美は実用とむすびついて意味を与えられる。美の発揮される場所も、本来は美術館ではなく、民衆の日常のく

114　鶴見（一九六九）「解説　大衆の時代」、一九－二〇ページ。

115　この意味の「ずらし」については、一九五六年の論文においても述べられていた。鶴見俊輔（一九五六）「折衷主義の哲学としてのプラグマティズム」『折衷主義の立場』筑摩書房、一九一ページ、『鶴見俊輔集一　アメリカ哲学』三〇九ページ。

116　鶴見は「芸術の発展」で柳宗悦の議論を取り上げているが、「限界芸術論」以降も柳については何度か言及しており、柳の議論は鶴見の大衆文化論において活用されている。鶴見俊輔『限界芸術論』の中の「芸術の発展」、あるいは、鶴見俊輔（一九七六）『柳宗悦』平凡社、など。

らしの中で雑器が見事に用いられる状態においてである。[117]

と述べている。これは、「限界芸術」のひとつの形式であるのだが、この「民衆」が「用いる」というのは、鶴見がバックグラウンドとするプラグマティズムと「限界芸術」という芸術文化論の観点から大衆文化を考察したものであり、大衆文化であるマスメディアに対する大衆の解釈に接する思考であると考えられる。[118]

このように、鶴見の戦後社会の「マス・コミュニケーションの時代」における「大衆」の能動性についての言及は、カルチュラル・スタディーズにおけるオーディエンス研究とも近い考え方をもっていたと思われる。[119] そして、これは「替え歌」による文化の実践からも捉えられるものだろう。それが「ひとびと」への注目という問題関心であろう。

117 鶴見俊輔（一九六七ａ）『限界芸術論』勁草書房、二九ページ。

118 例えば、Shaun Moores (1993). Interpreting Audiences, Sage, など。

119 例えば、ミシェル・ド・セルトーの「ユーザー」の議論は、オーディエンス研究の文脈においても取り上げられる思想家であるが、セルトーは「使用者（ユーザー、usagers)」を、支配的な社会のシステムによる意味や定義に対して、意味を再付与して生産してゆく存在として描き、「ユーザー」による「製作 fabrique」という契機から、従来までは消費が能動的な生産に対して受動的な消費というように対置され生産の脇に置かれていたのを、社会の経済システムにおける物の「生産」に「「消費」と形容されているもうひとつの生産 une autre production, qualiffee de <consommation>」を対置することで、視座の転換を行っている。ミシェル・ド・セルトー（一九八七）『日常的実践のポイエティーク』(山田登世子訳）国文社、一四ページ (Michel De Certeau (1980=1990) *L'invention du quotidien:1. art de faire*, Nouvelle edition. Editions Gallimard. p. xxxvii. 引用は邦訳から行っているが、原書も参照しながら訳文を変更しているところがある)。セルトーの「ユーザー」が日常生活において行っているとされる操作のロジックのモデルは、鶴見の言う「大衆」のマスメディアに対する解釈の行為についての視座とも類似するものではないかと思われる。

たしかに、鶴見が取り上げているもののなかには、「生活綴り方運動」のようにマス・コミュニケーションと関わりながら能動的な行為を行う「オーディエンス」とは異なる対象が含まれている。しかし「解説　大衆の時代」では、明確にメディアとの関わりが述べられているのである。そして、ここで再度確認しておきたいのは、鶴見の「限界芸術」は「純粋芸術」、「大衆芸術」とを媒介するポテンシャルが孕まれていると考えられることである。このような大衆文化の捉え方は、アドルノに見られるような大衆文化批判とは異なるものであろう。

もちろん、鶴見は、マス・コミュニケーションというメディアをすべて肯定的に捉えているわけではなく、むしろ大衆の能動的な反応について評価をしているわけである。それは先ほど取り上げた、鶴見のテレビについての論考からもわかる。ここからは、「大衆芸術」が「限界芸術」という「発生史」を持ち、そこに「密接な関係を持って発展」[120]することによって、大衆文化を分析するうえでそれがマスメディエイトされたものであったとしても、必ずしも批判の構えのみではない「ひとびと」の関わりを考察することが重要ではないかと考えられるのである。[121]

120　鶴見俊輔「流行歌の歴史」、一四七ページ。

121　フォークソング運動においては「ひとびと」のための音楽という契機があるのだが、フォークシンガーが「うた」をうたいそれを広めるときにはマイクというメディアが必要になるだろうし、レコードに録音することもあるのである。そのため、「大衆芸術」としてフォークソングが売り出されることもあるだろう。たとえば、片桐ユズルは、フォークソングと「限界芸術」、「大衆芸術」との関係を分析している。片桐については、次章で考察する。

第二章　「限界芸術論」からフォークソングの運動へ

片桐ユズルの言説を中心に

鶴見の「限界芸術論」は、六〇年代後半から七〇年ごろの関西におけるフォークソング運動に関する言説に影響を与え「使用」された。これまで考察してきた鶴見の「限界芸術論」の展開として、それが大衆文化にどのように展開されたのか、本章ではその関係について考えていく。ここで分析するのは、関西フォークソング運動と鶴見の「限界芸術論」との関係についてである。ここからは、一九六〇年代後半から七〇年代前半の関西を中心とした、フォークソングという音楽文化における片桐ユズルの言説を中心に取り上げて考察する。

日本の一九六〇年代半ばごろから七〇年代前半にはフォークソング運動があり、それは関西を中心としながらも「べ平連」を介して新宿西口広場の「東京フォーク・ゲリラ」なども含まれる運動であった。フォークソングは、少なくとも当時の若者文化の一部であったと同様に社会運動でもあったのである。そして、フォークソングの運動は、その後の音楽シーンにも影響を与えている。[1] いわゆる先進国や日本において、一九六〇年代は一九六八

1　フォークソングのころの「うた」を現在において、カバーしているバンドは少なくない。後に日本語におけるロック音楽をひとつのかたちにしたはっぴいえんど（細野晴臣、鈴木茂、松本隆、大瀧詠一が在籍）は、岡林信康のバックバンドとして中津川で開かれた音楽フェスティバルで演奏していた。

年をピークとするとも語られる大学を中心とした世界的な学生運動の中で、社会と文化の変革を求める運動があった。[2] そして、そのような中で、学生運動と同時に「市民」の運動として鶴見を中心とした「べ平連」の動きがあった。この運動はフォークソング運動とも関わっていくものなのであった。[3] たとえば、『べ平連ニュース』一九六七年五月一日号には、二面に「特集　フォークソングによせて」というタイトルで片桐ユズルが反戦歌の「ウィ・シャル・オーバーカム」について述べている。ここで片桐は、「みんなでうたう」というフォークソングのひとつの形式について書いていたのである。

また、フォークソング運動は、アメリカを中心とした文化の日本へのローカライゼーションという側面もある。ローレンス・グロスバーグは、カルチュラル・スタディーズが一九五〇年代半ばにイギリスに現れたときの「政治的背景political context」のひとつとして、「イギリスのアメリカナイゼーション」を挙げているが、[4] 日本においてもアメリカ文化のローカライゼーションのプロセスから考えられる思想も生まれてくるのである。[5] 本章から、そ

2　学生運動に関する書物は、その当時から多数が刊行されている。近年の一九六八年についての研究は、小熊英二（二〇〇九）『１９６８』（上）（下）新曜社。世界的な問題として一九六八年を捉えようとするものとして、西田慎、梅崎透編著（二〇一五）『グローバル・ヒストリーとしての「１９６８年」』ミネルヴァ書房、など。

3　たとえば、一九六八年の問題として学生運動や政党、「べ平連」と「市民運動」との関係について言及しているものとしては、絓秀実（二〇〇六）『１９６８年』ちくま新書、八六 - 八七ページ。

4　Lawrence Grossberg (1993) "Formations of Cultural Studies," *Relocating Cultural Studies*, Routledge. p. 28.

5　グローバル化のプロセスにおいてはエージェントが存在する。これはヒトだけに限られないのだが、本章において注目するのがエージェントである知識人、ミュージシャンや批評家と、その表現されたものである音楽や一連の書かれたものも含まれるテクストである。社会学者のジョン・アーリも、ネットワークとフローからグローバル化における文化の問題を考えている。アーリも「スケイプ」という概念から、それを「機械、テクノロジー、組織、テクスト、アクターからなるネットワーク」

の過程についても考察していく。

1　フォークソングと替え歌

鶴見は彼の文化論のなかで、「限界芸術」とともに漫画や流行歌などの「大衆芸術」も分析していて、「大衆芸術」は「限界芸術」に引けをとらない分析対象となっている。そして、「大衆芸術」と「限界芸術」の関係をよく示しているのが、第一章で分析した「流行歌」に関する問題である。

本章では、鶴見の議論の応用として、彼の「限界芸術論」の影響から自らの論を展開していた片桐ユズル[6]に言及しながら、「替え歌」の問題を中心にフォークソング文化について考察する。「替え歌」は、中川五郎や岡林信

6　本文でも言及するように、片桐は「限界芸術」という概念を自らの論文に使用しており、鶴見からの思想的な影響が伺える。筆者のインタビューにおいて、片桐は早稲田大学大学院を修了してから、鶴見との「記号の会」に参加したと述べている。その後、両者が関西に居住した後も、鶴見と同じラジオ番組に出演し、交流が続いていた。片桐は、鶴見が柳田や柳を紹介していたと述べている。これは、鶴見の「芸術の発展」のことであろうと考えられる。片桐氏へのインタビューは、京都市で二〇一三年八月二四日、九月一六日に行った。片桐氏とはその後も何度か面会しインタビュー内容をフォローしている。

として定義している。アーリはここで「アクター」を、ブルーノ・ラトゥールを中心とする「アクターネットワーク理論」のいうヒトやモノをも含むものとして捉えている。ジョン・アーリ（二〇〇六）『社会を越える社会学』（吉原直樹監訳）、法政大学出版局。「アクターネットワーク理論」については、ブルーノ・ラトゥール（二〇〇八）『虚構の「近代」』（田村久美子訳）、新評、John Law and John Hassard eds. (1999) *Actor Network Theory and After*, Blackwell. そして、アーリはネットワークを「領域、ネットワーク、移動体」という「空間メタファー」として参照している。アーリ、同前、四六ページ。

康[7]など一九六〇年代から七〇年代前半ごろのフォークソング運動におけるひとつのスタイルであった。「替え歌」によって、この時期のフォークソングを中心とした実践の一端が明らかになるだろう。もうひとつの問題として、フォークソングにおける替え歌による文化のローカライゼーションについて考えたい。

本章で考察するのは、「限界芸術」の「大衆芸術」への広がりである。鶴見は、「限界芸術」そのものだけでなく、「限界芸術」が「大衆芸術」というマス・コミュニケーションのなかにも見られるということについて「流行歌の歴史」のなかで考察していた。そして、鶴見の「大衆文化」論は文化と「ひとびとと」の関わりの積極的な面を考察していた。これらを念頭に置きながら、一九六〇年代後半から七〇年代前半の日本の大衆文化におけるひとつの側面を、戦後文化とメディアの研究として示すことを試みる。

以下では「うた」と「文化」をめぐる問題圏として、「替歌こそ本質なのだ」において鶴見に言及しながら「替歌」論へ読み替えていった、片桐ユズルの論を取り上げながら考察していく。

2　片桐ユズルとフォークソング運動

六〇年代後半から七〇年代前半の関西フォークソング運動において、当時、関西の大学教員であった片桐ユズルはその著作活動からこの運動の理論的な方向性を示したと考えられる。

片桐は、フォークソングに関する論考をいくつも出版していた。そして、片桐はフォークソングの歌手の中川五

7　鶴見は岡林信康についても言及している。鶴見俊輔（一九七八＝一九九一）「現代の歌い手」『鶴見俊輔集六　限界芸術論』筑摩書房。

郎、その後、はっぴいえんどのディレクターから評論家となる小倉エージとともに、ミニコミ誌『かわら版』を発行していた。また、片桐と鶴見は交流があった。片桐は自身の著書などにおいて、「限界芸術」という言葉を使いながらフォークソング運動を記述しており、その影響が伺えるのである。

片桐と鶴見、フォークソング運動との関わりについて、彼の年譜から見て行きたい。[8]

【1】片桐ユズルとフォークソング

片桐は一九三一年東京に生まれる。彼は、早稲田大学を卒業し同大学院修士課程を修了後、都立高校の英語教師となる。そして、大学院を修了した後「記号の会」[9]や『思想の科学』に関わるようになる。[10]また、高校教員の一九五九年にフルブライト留学生としてサンフランシスコ州立大学へ留学した。片桐は、インタビューで次のように語っている。

——アメリカに留学されるのは?

片桐　五九年〜六〇年、半年間。九月から三月まで。[11]

8　以下は、片桐氏のホームページと著書に掲載されている年譜と筆者が二度にわたって行ったインタビュー（二〇一二年八月、九月）により構成したものである。年譜は、長谷川龍生、片桐ユズル（一九七二）『現代詩論六』晶文社。

9　「記号の会」については、鶴見俊輔（一九六九＝一九九二）「記号の会について」『鶴見俊輔集三　記号論集』筑摩書房。

10　片桐ユズル氏へのインタビュー。二〇一三年九月。

11　片桐氏へのインタビュー、二〇一三年八月。

片桐は、留学前の日本でも詩（poetry）に関する同人誌を発行していたが、アメリカ留学からの帰国後に翻訳したのが「ビート」の詩集であった。

片桐　五九〜六〇年にフルブライトでアメリカにいって、その時に向こうでは詩は朗読するようなことが、わりかしあたりまえでしたから、特別なことではなくて。私がいったのはサンフランシスコ州立大学だけど、そこにポーエトリー・ライティングのクラスがあって、そこへ聴講で出た。そこでは人の詩を読んでても、しょうがないと。そこらへんで朗読会があって、ごく普通に特別なものじゃなかったんです。「あ、そうか」と思ってね。「日本に帰ったらこれをやらなくちゃ」と思って、朗読会を六〇年くらいから始めた、東京で。[12]

片桐は帰国後、詩の朗読会を始めている。彼はアメリカから帰国後も、しばらく東京で高校教師として勤めていた。片桐とフォークソングとの関わりは、その歌詞、つまり「ことば」に関するものが最初であったと考えられる。それは、詩の朗読や彼が発行していたミニコミ誌『かわら版』において、歌詞が多数掲載されているというところからも理解されるだろう。

片桐の著作には、「限界芸術」ということばが出てくる。それは彼が行っていた詩の朗読会とも通底するものがあったと、インタビューにおいて語っていた。

12　片桐氏へのインタビュー、二〇一三年九月。

片桐　なんか（詩を）プロフェッショナルが読むのは、わざとらしくていやだなと思っていた。素人が、自分で書いたものを自分で読む。いいなあと。俳優がわざとらしく読まなくても素人がぼそぼそと読むのが結構、実感は伝わるなと。そういうことがわかったね。だからそんな一生懸命大げさにやらなくてもいいんだと安心しましたね。[13]

片桐は『ほんやら洞の詩人たち』『うたとのであい』『うたうたうた　フォーク・リポート』などで「限界芸術」に言及している。片桐と鶴見は「記号の会」や『思想の科学』での関わりの中でつながっていたが、音楽文化における交流としては両者が出演したラジオ番組の「歌が時代を変える」という対談があった。[14] そして特に、彼の『高められたはなしことばについて』『うたとのであい』『ほんやら洞の詩人たち』という著作には、フォークソングに関するテーマが全面に出ていた。

【2】フォークソング運動とURC、『フォーク・リポート』

片桐は、URCレコードが販売促進のために制作した小冊子も書いている。

ここからは、関西フォークソング運動について見ていきたい。資料として、片桐の『関西フォークの歴史について

13　片桐氏へのインタビュー、二〇一三年九月。（　）内は引用者の補足。

14　ラジオ関西ポップス・ジャンボリー、一九六八年五月。片桐「関西フォークの歴史についての独断的見解」年表。片桐ユズル氏へのインタビュー、二〇一三年九月。

ての独断的見解』を取り上げる。[15]この小冊子は「関西フォーク」というものを歴史として初めて記述した文章であり、そこには市民運動との関わりも掲載されている。

片桐はこのなかで、

関西フォークの歴史は高石友也の登場をもって始まるとするのが時代区分としてはべんりだが、その彼のレパートリーの形成に秦政明さんがいろいろコーチしたことが、はからずもフォークリポートわいせつ裁判の冒頭陳述であきらかになった。[16]

と書いている。高石友也から関西フォークの流れが始まったということは、たとえば本書で言及する中川五郎がフォーク歌手としてデビューするのに高石が関わっていたり、また、岡林信康の「くそくらえ節／がいこつの唄」に掲載されている岡林のプロフィールでも、「昭和四二年六月にはじめて高石友也の歌をきいて感動し、ギターをはじめる。」[17]と書かれていることからもその影響が知られるであろう。そして、高石友也と高石友也事務所の秦政明が関西フォークの中心となっていたということが、片桐の記述やURCの活動からもわかる。

URCは高石事務所の秦政明によって設立される。[18]

15　本書では、片桐のいくつかの文献と、辻俊一郎（二〇〇一）『フォークソング運動』新風舎、あるいは、筆者が、片桐、中川五郎へ行ったインタビューから、関西フォークソング運動についてまとめている。

16　片桐「関西フォークの歴史についての独断的見解」、一一ページ。

17　岡林信康（一九六八）「くそくらえ節／がいこつの唄」URCレコード。

18　黒沢進（一九八六）『資料　日本ポピュラー史研究　初期フォークレーベル編』SFC音楽出版。その他、URCに関する

批評家の黒沢進によると、

六九年二月、秦社長は、事務所のアーティストのレコードの多くが、レコ倫にふれてメジャーからは出せないことから、自主制作によるレコードの配布を思いつき、会員制組織の〝アングラ・レコード・クラブ〟を発足させる。[19]

〝アングラ・レコード・クラブ〟は五回まで会員配布を続け、それからレコードを市販する「URCレコード」が設立される。[20] URCは日本初のインディペンデント・レーベルであるともいわれていた。岡林、高田、中川、赤い風船などが在籍した。

このあたりの「関西フォーク」の動きについて黒沢進を参照しておきたい。[21] 高石は、秦のマネージメントの元で、「かごの鳥ブルース」でビクターからデビューしている。六七年四月の高石のコンサートには、ザ・フォーク・クルセダーズ、中川五郎、高田恭子が参加した。六七年一一月にはザ・フォーク・クルセダーズが解散記念として自

19　資料として、鈴木勝生（一九八七）『風に吹かれた神々』シンコーミュージック、前田祥丈・平原康司（一九九三）『60年代フォークの時代』シンコーミュージック、などを参照した。URCのレコードリリースについては、黒沢進（一九八六）と『レコード・コレクターズ』二〇〇三年四月号（特集URC）を参照した。

20　黒沢、『資料　日本ポピュラー史研究　初期フォークレーベル編』、一一ページ。

21　黒沢、同前。この段落の記述は、黒沢進（一九九二）「URCレコード概説」『日本フォーク紀』シンコーミュージック、を要約したものである。

主制作したLPがラジオ関西でかかり、彼らは一二月に東芝EMIからデビューした。そして六八年二月には、中川作詞、高石作曲の「受験生ブルース」がビクターから発売されヒットする。また、岡林信康も六八年五月に高石の事務所に所属となるのである。

このあたりの状況は、片桐によってどう記述されたのか。片桐の『関西フォークの歴史についての独断的見解』の年譜を中心に、確認しておきたい。

この年譜は、小冊子の二ページから一〇ページにかけて掲載されているもので、ここでは関西のフォーク歌手がどういった曲をうたっていたのかということのみならず「べ平連」の動きなどフォークソングと市民運動、大衆文化が関連する項目も記述されている。

年譜は、一九六六年六月のべ平連の招聘によるハワード・ジンとティーチ・イン、そこで阪大ニグロがうたったことの記述から始まる。[22] 同時期に、添田知道が『日本春歌考』を出版したという情報も掲載されている（一九六六年六月）。『日本春歌考』は、「庶民のうたえる性の悦び」という副題がついており、大島渚によって同名の映画が撮られたことでも知られるが、ここでは「関西フォーク」と関わる書物として記されている。そして一九六六年七月には、大阪労音において「フォークソング愛好会」が発足している（世話人が阪大ニグロ）。労音とは「勤労者音楽協議会の略称」で、それは「勤労者の音楽組織であり、しかも聴衆組織」[23]である。大阪にある労音（大阪労音）では一九六〇年代には中村とうようが「アドバイザー的な立場」で関係しながら、黒人フォーク歌手のオデッタの来日

22　以下の年譜は、片桐ユズル「関西フォークの歴史についての独断的見解」年表から項目を抽出しながら作成している。
23　朝尾直弘編（一九六二）『大阪労音十年史』研文社、二ページ。

公演が行われていた。[24] そして一九六六年一〇月に秦が主催していた、「第二回フォーク・フォーク・フォーク」に高石友也が飛び入りでうたうことで二人は出会ったということであった。ここから、関西のフォークソング運動という一連の動きが始まって行くのである。

そして、片桐は関西フォークソング運動について、「フォーク・キャンプ」の主催者であり新森小路教会でフォークスクールを開いていた牧師の村田拓らと、座談会においてそれを「反戦フォーク運動」として語っていた。[25] これは「ベ平連」とも関わるものであった。そして、ここで「関西フォーク」の状況を「運動」であると明記しているのである。つまり、当事者には一連の活動を「運動」として認識していたということである。これは、秦によって出されていた『うたうたうた　フォーク・リポート』が創刊当時から「フォーク」の活動を「運動」として捉えていたということからも明らかである。[26]

ここでの「運動」とは、最初のころは「フォーク・キャンプ」と呼ばれるフォーク集会のことであり、あるいは「反戦集会」でうたわれるうた、例えば中川五郎の回想[27]にもあるようにベ平連の反戦集会で高石友也が飛び入りで歌うということとも関わるものであった。[28] 高石はビクターからレコードを出していた流行歌手であったが、反

24　篠原章（二〇〇五）『日本ロック雑誌クロニクル』太田出版、一〇二ページ。
25　「高石友也後援会報」第四号。片桐ユズル（一九六九）『うたとのであい』社会新報に収録。
26　川村輝夫（一九六九）「フォークソング運動をすすめよう」『うたうたうた　フォーク・リポート』一九六九年一月号（創刊号）。
27　中川五郎（一九六九）「ぼくにとってうたとはなにか」高石友也・岡林信康・中川五郎『フォークは未来をひらく』社会新報など。
28　村田拓（一九六九a）「民衆の心そのものの表現を」『うたうたうた　フォーク・リポート』一九六九年一月号（創刊号）。

戦活動も同時に行っていたのである。[29] そして、「フォークソング運動」は「うた」の問題でもあった。片桐はマクルーハンに引きつけながら、「フォークソング運動」について「反活字主義の運動」とそこから「替歌」にまで言及しながら考察している。[30]

「いわゆる関西フォークソング運動」について、片桐はこの「フォーク・キャンプ」を「旗あげ」として捉えている。[31] そして「フォーク・キャンプ」について、片桐によるとそれは次のようにはじまったということである。

高石友也のまわりにいろいろなひとたちがあつまりはじめた。このいきおいにのって村田拓たちの高石友也後援会と、秦政明の高石友也事務所が企画して、「フォークはおれたちのものだ」をスローガンに、一九六七年夏に京都高雄で、第一回フォーク・キャンプがひらかれた。[32]

片桐は「フォーク・キャンプ」に合わせてミニコミ『かわら版』を発行したという。[33] これは、まさに「フォーク・キャンプ」によって様々な関係者がネットワークを作っていったということである。「フォーク・キャンプ」が開催される前史として、片桐は村田が高石を支援しながら大阪新森小路教会で反戦集会を開いていたことを挙げ

29 片桐は、べ平連と中川五郎について言及し、また『新譜ジャーナル』においても、東京フォーク・ゲリラについてマクルーハンに言及しながら書いていた(七〇年)。このことについては後述する。
30 片桐ユズル(一九六八a＝一九六九)「フォークソングのめざすもの」『うたとのであい』社会新報、三一－三二ページ。
31 片桐ユズル(一九八二)「関西フォークの一三年」『高められたはなしことば』矢立出版、二五ページ。
32 片桐ユズル「関西フォークの歴史についての独断的見解」、一五ページ。
33 同前、一六ページ。

ている。[34]

また「関西フォーク」がどういう音楽であったのかということは、片桐が秦、中山容と共に編集したレコード『関西フォークの歴史』（URCレコード）が包括的であった。そして、このレコード発売と合わせて制作された小冊子『関西フォークの歴史についての独断的見解』が、「関西フォーク」を明確に位置付けているということでも注目される。片桐は、「関西フォークソング運動」を「フォーク・キャンプ」から七一年の「『フォークリポート』がわいせつ容疑で押収され、同年八月の中津川フォークジャンボリーをさいごとして、いわゆる関西フォークは大衆的規模ではあらわれなくなった。」という。[35]

そして、もともとはザ・フォーク・クルセダーズの著作権のために秦によって設立されたアート音楽出版[36]も、『うたうたうた　フォーク・リポート』を出版することで、URCの活動を中心としながらフォークを運動として捉える視点を与えている。このような視点は、『フォーク・リポート』創刊号当時の川村輝夫の「フォークソング運動をすすめよう」から、例えば一九六九年五・六月号にも池淵博之「フォーク・ソング運動の問題点」として論考が掲載されていることからもわかる。

このように、片桐ユズルや村田拓を含む『フォーク・リポート』という雑誌の執筆者を中心に言説の領域が編成されることによって、年譜によれば一九六〇年代後半に始められた動き（ベ平連と阪大ニグロ、秦と高石の出会いなど）が、

34　同前、一五ページ。また、新森小路教会では、一九六八年一月から「フォーク・スクール」も開かれていた。同、「関西フォーク年表六六～七四」二ページ。片桐ユズル（一九六八）「フォーク学校の構想」『思想の科学』一九六八年九月号。参照は、片桐ユズル（一九六九）『うたとのであい』社会新報、より。

35　片桐ユズル「関西フォークの一三年」二五ページ。

36　黒沢『資料　日本ポピュラー史研究　初期フォークレーベル編』、一一ページ。

『フォーク・リポート』が創刊される六九年以降に、フォークについての言説として歴史化されていったと考えられる。これは、いわゆる東京で展開された「キャンパス・フォーク」とは異なるジャンルの動きであろう。そして、この概念の定義に寄与したのが、知識人や批評家とそれを実行した歌手や音楽の空間の参加者であった。ここには東京フォーク・ゲリラの行動や、その他の複数の関連する事例も含まれる。つまり「フォークソング」は、このような歴史的状況のもとでの運動として認識されるのである。

【3】プラグマティズム、「限界芸術論」、「流行歌の歴史」

「限界芸術」における鶴見の議論でいえば、「大衆芸術」と分類されている「歌ごえ」やその展開において「流行歌」と関連するものとしてフォークソングは位置づけられるだろう。しかし、そのはじまりは、「限界芸術」のなかから生まれてきたものと考えられる。

では、片桐はどのように「限界芸術」（と「流行歌の歴史」）を捉えているのか。その影響と応用について見ていきたい。

片桐には、『限界芸術論』について言及する以前にも、鶴見からの影響が伺える。それが、鶴見のプラグマティズムの議論の受容である。片桐は、『詩のことば日常のことば』において、アメリカ詩を分析するときに鶴見のプラグマティズムに依拠している。それは、鶴見のプラグマティズムについての方法である「折衷的方法」によって、そこに記号が行動に向かっているということを指摘しながら詩の描写の解釈を行っていることからもわかる。[37] また

37　片桐ユズル（一九六三）「詩とプラグマティズム」『詩のことば日常のことば』思潮社、一八七－一九三ページ。

た、鶴見のプラグマティズムの引用が書物の端々に見られる『意味論入門』においても、鶴見の「言葉のお守り的使用法について」を参照しながら、「誠意」ということばを巡ってそれが「反対運動」を封じ込める意味に使われるようなレトリックについて語っていた。[38]

このように、片桐は鶴見のプラグマティズムに親しみながら自身の詩論、意味論を執筆していったのだが、一九七五年に『現代詩手帖』に発表した「替歌こそ本質なのだ」(その後『ほんやら洞の詩人たち』に収録された)に鶴見の「限界芸術」ということばが出てくる。このなかで、片桐は「替え歌」論を書いている。

そこでは、フォーク歌手の古川豪について、

限界芸術としての歌から出発して、いまや芸術家としての歌というキビシイ道をあるきはじめてしまったのだ。[39]

とフォークの歌と「限界芸術」について述べている。そして、ひとはフォークソングを「限界芸術」の立場から評価していないという。[40] このように、片桐の定義によれば「限界芸術」としてのフォークソングは、「大衆芸術」との関連のなかで絶えず交渉を行っていたことがわかる。つまり、片桐は鶴見の議論をここで読み替えながらフォークソング論を展開しているのである。

38 片桐ユズル(一九七〇)『意味論入門』思潮社、一九二―一九三ページ。
39 片桐ユズル(一九七五=一九七九)「替歌こそ本質なのだ」片桐ユズル・中村哲・中山容編『ほんやら洞の詩人たち』晶文社、一三四ページ。
40 片桐、同前、一三五ページ。

フォークソング運動における「うた」を考えるとき、ひとつの文化に収斂されていくというベクトルだけではなく、文化が混交するプロセスがそこに見て取れる。つまり、ここで問題なのは「うた」をめぐる「文化」の問題である。それは「文化」のハイブリッドな性質にも関わってくるであろう。[41]

前章でも言及したが、鶴見は「流行歌の歴史」において、替え歌の例を挙げていた。それは、「きけ万国の労働者」は一高寮歌が行軍用の軍歌として歌われていたのが労働歌になったのだが、これは徴兵制度で歌いやすかったからであるといわれている。[42] 労働運動の歌を軍歌から転用しながら利用するというのは、鶴見が大衆に抱いていたような、自らが自律的に文化を使用していくということの例証になっていると考えられる。

そして、この鶴見が挙げている「きけ万国の労働者」が軍歌「万朶の桜」の「替え歌」であるというところについて、片桐はそこで鶴見の名前を出してはいないものの、鶴見と同じ例を挙げているのである。[43] この例について

41 ラップ、ヒップホップの初期を形作ったアフリカ・バンバータは、およそ黒人の音楽ではなかった、クラフトワークなどのテクノ・ミュージックを参照していた。アフリカ・バンバータの証言としては、英国BBCで製作された『二〇世紀ポップ・ロック大全集　ダンシング・イン・ザ・ストリート（九）〜ヒップ・ホップ＆DJスタイルのルーツ』（一九九八、NHKソフトウェア）がある。

42 鶴見俊輔（一九六七）「流行歌の歴史」一五五－一五六ページ。

43 「聞け万国の労働者

というメーデーの歌が、もとは軍歌

　　バンダの桜　衿の色

だったということなども、指摘されるまで気づかなかった。」

片桐ユズル「替歌こそ本質なのだ」一三九ページ。

は、「指摘されるまで気がつかなかった。」[44]と述べている。この記述から、片桐が鶴見の『限界芸術論』所収の「流行歌の歴史」を読んでいたであろうことが推測できる。そして、ここから鶴見の替え歌論は片桐の替え歌論に参照されながら変奏されていったと考えられるのである。

日本のフォークソング、特に関西フォークにおいては、「替え歌」は繰り返し歌われ、「替え歌」の方法はさまざまな歌手によって取り入れられている。岡林信康には替え歌を寄せ集めた「アメリカちゃん」という「うた」もあるように、当時は海外のうた、あるいは民謡などを替え歌として自分のものにして歌うことは必ずしも例外的なことではなかった。片桐は「替歌こそ本質なのだ」[45]のなかでいくつかの「替え歌」の例を挙げている。そして、片桐は「替え歌」の過程を記述しながら柳田國男の民謡論に触れつつ、「はなし」や「うた」は聞き手やうたい手によってたえず変えられていくことにその本質を見ている。[46]これは、先ほどの鶴見の「言葉のお守り的使用法について」を参考に、「誠意」という意味の内容が使われ方によっても変化するという片桐の解釈を考えれば、「うた」という「ことば（記号）」の持つ力を測ることも出来よう。

44　同前、一三九ページ。
45　同前、一四三ページ。
46　鶴見は柳田の議論からも「限界芸術論」を考察していた。

3　文化のローカル化

【1】グローバルとローカル文化

日本におけるフォークソング運動は、文化のローカライゼーションのプロセスとしても捉えられる。関西フォークはベトナム反戦運動（「ベ平連」）とも関連があり、これはグローバルな問題のローカルな展開であると考えることが出来るであろう。[47]

片桐の議論は、いわゆる輸入文化といわれるような西洋の価値観を輸入することによって、海外のうたを日本という磁場に収斂させていくということだけではないように思われる（もちろんそのような側面がなかったということではない）。『炭鉱町のブルース』の替え歌の歌詞の変化を見ればわかるように、彼らの活動はもっとアマルガムなものであり、そのように歌い継ぐことで彼らの「自前の文化をもとめて」[48]いたということである。

また、フォークキャンパーズ『プレイボーイ・プレイガール』のようにボブ・ディランの原曲にかなり自由に歌詞をつけ、歌い継いでいくところなどは、むしろ複数の文化を混ぜ合わせる（混交、ハイブリッド）という側面やアメリカ文化のローカライズという観点が考えられる。

近年ＣＤで再発された高石、岡林、中川らも在籍していたＵＲＣのレコードリリースのディスコグラフィーを見

47　グローバルに展開されるポピュラー音楽がローカル化されるときの諸問題について考察している、ポピュラー音楽の研究者、トニー・ミッチェルの議論も参照 Tony Mitchell (1996) *Popular Music and Local Identity*, Leisester University Press.

48　『ほんやら洞の詩人たち』の副題は「自前の文化をもとめて」となっている。

てみると、竹中労は、桜川ぴん助、博多淡海、沖縄の春歌、笑福亭松鶴などの庶民芸能を編集したレコードを制作している。[49]先に言及したように、URCは日本というフィールドにおいてインディペンデントな活動を行っていた。また、ポエトリーリーディングにおいては、替え歌研究のオーラル派詩人、有馬敲のように、替え歌、民謡などの日本の民衆文化と接点もある。[50]有馬は、片桐ユズルや中山容などとともに京都今出川通の喫茶店「ほんやら洞」という文化の空間に集う詩人たちであり、彼らはフォークソング文化と交差するのである。

【2】アメリカ文化とフォークソングのローカル化

ここで「関西フォークソング運動」と深いかかわりのある中山容、片桐ユズルといった詩人、知識人がアメリカ文学の研究者であるということも無縁ではないだろう。彼らは、ボブ・ディランの翻訳、あるいは日本におけるポエトリーリーディング運動をとおして、カウンター・カルチャーに代表されるアメリカの文化が「多文化」へのまなざしを内包しながら、開かれた「公共圏」へつながることを「日本」というフィールドにおいて実践していたと考えられるのではないかと思われる。[51]

49 URCのレコードリリースについては、黒沢進『資料 日本ポピュラー史研究 初期フォークレーベル編』、『レコード・コレクターズ』(二〇〇三年四月号 特集URC)。そのほか、URCの音源CD化プロジェクトのCDも参考にしたが、そこにはオリジナル・レコードに収録されていた岡林信康のうたが省略されていた。その後、岡林のオリジナルアルバムは再発された。

50 たとえば、有馬敲(二〇〇三)『時代を生きる替歌・考』人文書院。

51 アメリカと日本の民主主義をめぐる問題圏として、鶴見が活動の中心であった「ベトナムに平和を!市民連合(ベ平連)」や『思想の科学』などの活動がある。高田渡はベ平連には批判的である。高田渡(二〇〇一=二〇〇八)『バーボン・ストリート・ブルース』ちくま文庫、を参照。

また、高石友也、岡林信康、中川五郎の共著である『フォークは未来をひらく』[52]において「まえがき」を執筆し、大阪新森小路教会牧師で関西におけるフォークソング運動の先駆ともなった「フォーク・キャンプ」の実行委員長であった村田拓は、高石友也の曲「ベトナムの空」のうたのなかから、高石が「ハノイやサイゴン、大阪もみんな同じ空」というところが歌われたときに、

それまで歌われていたベトナムの姿が、急にぼくの身近に迫ってきたということだ。[53]

と書いている。

これはフォークといううたを通して、ベトナムと大阪が連続しているという意識があらわれているのである。また村田が、

自分たちのことばで!ぼくたちのフォークソングの運動が、はじめから、アメリカのフォークソングに学びながらも、英語ではなく日本語で、ことに民衆自身のことばで歌い、迫ろうとしてきた理由なのである。[54]

というように述べるときに、アメリカ文化であるフォークソングが日本という場所のなかで「うた」というメディ

52　高石友也、岡林信康、中川五郎（一九六九）『フォークは未来をひらく』社会新報。
53　村田拓（一九六九b）「はじめに」高石友也、岡林信康、中川五郎『フォークは未来をひらく』、四ページ。
54　同前、七ページ。

アによって民衆という存在と接しながらローカル化される様が捉えられているといえるであろう。
村田は、フォークソングと民謡との相同性を指摘している。

フォークソングは、こういう性質のものだ。民謡だってそうだ。[55]

中川五郎は『フォークは未来をひらく』において、「主婦のブルース」がアメリカのフォーク歌手、ピート・シーガーの「主婦のなげきうた」がアイルランドの昔の歌のメロディを借りて歌われている事に注目している。[56] このように、メロディを借りつつアレンジをしながらフォークソングという領域が形成されていたのである。

4　フォークソングと『かわら版』

【1】『かわら版』

片桐が発行していたミニコミ『かわら版』は、フォークソングの「うた」を中心に編集されている。[57]『かわら

55　同前、七ページ。
56　中川五郎「ぼくにとってうたとは何か」、一六九－一七〇ページ。
57　『かわら版』は、『かわら版』キャラバンとして返還後の沖縄にも行っている。これはプロテスト・ソングとしてのフォークソ

版』は一九六七年七月に創刊された。内容は、フォークソングの「うた」と反戦などの、当時のフォークソングが市民運動と交差した問題について取り上げられている。このミニコミ誌は、片桐の個人編集により発行されていたが、初期のころには、小倉エージ、そして中川五郎が編集に参加していた。『かわら版』は一九六七年七月から始まり、一九七三年の五月号が「おわり・はじまり号」となる。それから、「かわら版スペシャル」として中川五郎のわいせつ裁判の記録、女性についての詩、中川五郎裁判資料が発行されている（七三年一二月まで）。『かわら版』の内容については、基本的には「うた」を掲載するミニコミであった。「うた」は、ボブ・ディランの翻訳や日本のフォーク歌手の「うた」も楽譜付きで紹介されていた[58]。

創刊号には、「創刊のことば」が掲載されている。

> 時代は変わってゆく。テープレコーダー、電子コピー、電話、新幹線などの発達が、ふたたび、手づくりの品物の流通を可能にする——かわら版も、ここに復活した。だれでも、なんかできる時代になりつつある。創作、ホン訳をとわず、本歌、替歌をとわず、トロピカル、リリカルをとわず、曲あり、曲なしのことばだけをとわず、また手紙、評論、レビュー、寸評を募集中[59]

ここでは、メディアによってだれもが何かを表現できる時代についての言及が行われていた。つまり、メディア

ング運動という「うた」の問題と関わっているのである。

58 『かわら版』はその後、七九年の一〇〇号から八二年の一四〇号、名称を変えて八九年まで発行されるが（国会図書館および『片桐ユズル著作目録』浄忠舎、二〇一七年より）、ここではフォークソング運動と関連する六七年七月号から七三年一二月号を中心に考察する。

59 『かわら版』一九六七年七月。

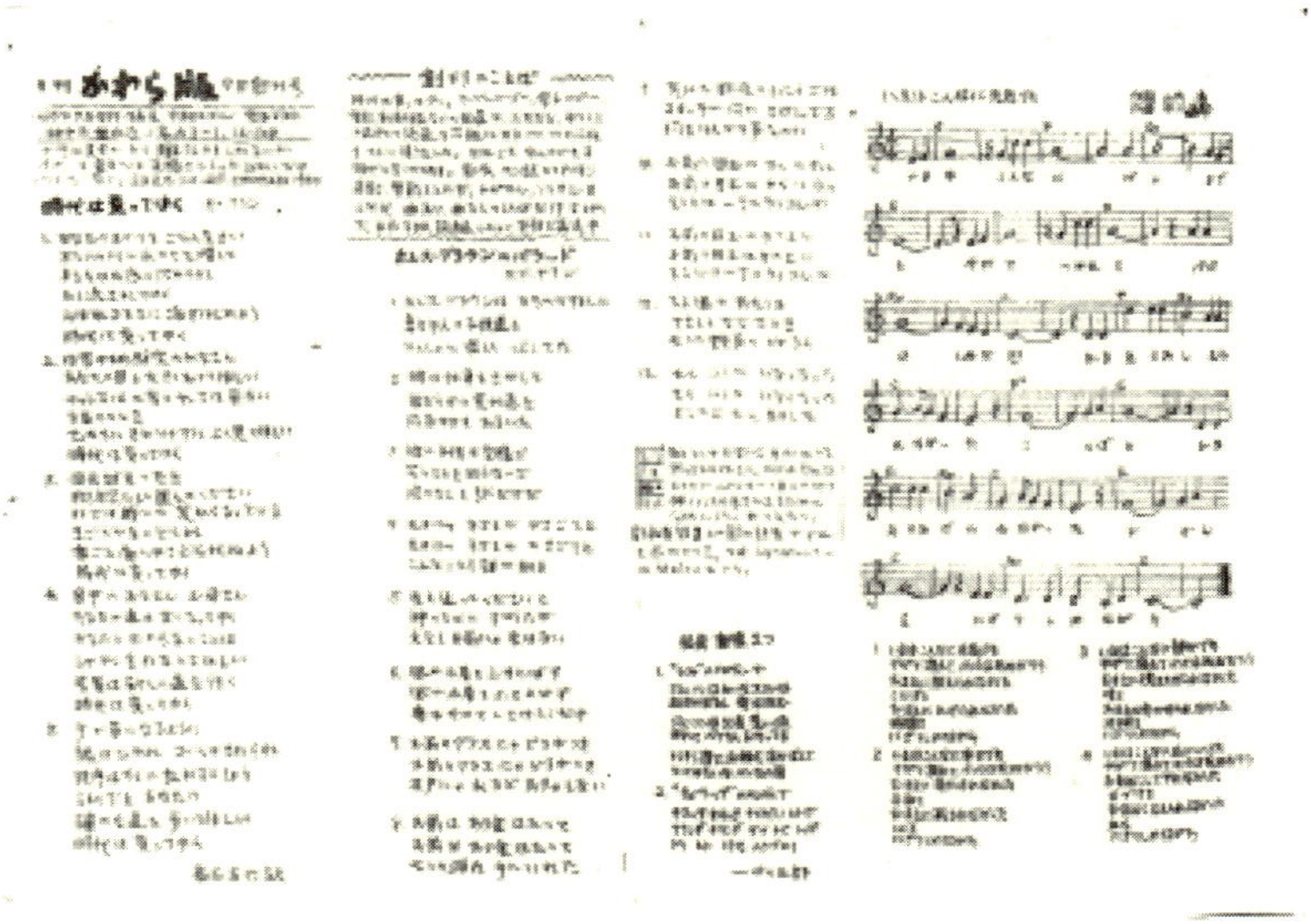

『かわら版』創刊号 1967 年 7 月

を使用することによって手づくりのものが流通し、そのことで「なんかできる」という可能性が人々に開かれたということである。

そして、『かわら版』については、「うた」が複数の人々を媒介しながら展開していたと考えることができる。そのような状況として、中川五郎の「受験生ブルース」がある。この「うた」は、高石友也が歌う「受験生ブルース」として六八年二月にビクターというメジャーレーベルから発売されるのだが、中川作詞・高石作曲とクレジットされた「受験生ブルース」の歌詞とコード譜が初めて掲載されるのが六八年二月号の『かわら版』であった。これが最初に印刷メディアに掲載されたものとなるのである。『うたうたうたフォーク・リポート』の創刊が六九年一月なので、『かわら版』には、のちにURCでレコーディングされる曲の歌詞やコード譜も掲載されていて、『フォーク・リポート』に先行する役割があったのである。また、『かわら版』は『フォーク・リポート』わいせつ裁判においても常に動向をフォローしていた。つまり、『かわら版』は『フォーク・リポート』に先行しある部分で補完する媒体と考えられるのである。

『かわら版』1968年2月号

【2】東京フォーク・ゲリラ、マクルーハン

このような、「メディア」による音楽コミュニケーションの可能性について、片桐はカナダのメディア・コミュニケーション学者、マーシャル・マクルーハンに言及している。先ほどの引用に関しても、片桐はマクルーハンの

理論を独自に読み取ったと述べている。[60]

そして、マクルーハンの理論を暗に応用して「東京フォーク・ゲリラ」に関するエッセイも書いている。片桐は、マクルーハンの『メディアの理解 *Understanding Media*』について、「ホットなメディア、クールなメディア」を使用しながら議論を行っている。[61] マクルーハンによれば、「ホットなメディア」は、単一の感覚を「高精細度」で拡張されたメディア」であり、「クールなメディア」は逆の「低精細度」で拡張するメディアである。[62] 片桐は「レコードやラジオ」は「ホット「なメディア―おしつけ的なメディア」であり、街頭でのフォーク集会は「クール」であるという。[63]

新宿西口のフォーク・ゲリラはいろいろなことをわからせてくれた。

そのひとつは、おなじようなことを神戸のサンチカ・タウンでやってみて、やはり通行人の足をとめさせるには、いままでのコンサートとか、室内でうたっていたときとはちがう要素が必要だ。そして、いちど立ちどまった人を、こんどはそこへ釘づけにするにはどうしたらいいか。ながい歌がいい。一曲三分という常識は、そのむかし七八回転レコードの片面のながさだった。これはレコードとかラジオとか、ホットなメディア―おしつけ的メディアに対して、われわれがガマンできる時間の単位だとおもう。

60 片桐ユズル「関西フォークについての独断的見解」、一六ページ
61 Marshall McLuhan (1964=1994) *Understanding Media*, MIT Press. マーシャル・マクルーハン(一九八七)『メディア論』(栗原裕・河本仲聖訳)みすず書房。
62 McLuhan, ibid., p. 22-23 マクルーハン『メディア論』、二三-二四ページ。
63 片桐ユズル「クールなメディア」『新譜ジャーナル』一九六九年一〇月号。

しかし街頭でうたうことはクールだ。音が散ってしまう。ほかにもいろいろな気をそらせる要素がある。そのなかで、ひとびとに参加的態度でいてもらうときは、歌はながいのがよく、メロディーはくりかえし、くりかえしきかれるのがよい。というわけでは、明治の民権運動も、やはり、えんえんと長いものだったろう。[64]

マクルーハンによれば受け手の参与度では、ホットなメディアは低くクールなメディアは高いということになるが、[65]片桐のいう街頭でのフォーク集会は、オーディエンスを巻き込んだ「うた」の空間であり、その参加者によって空間が形成されていたと考えられる。ここでは、「声」というメディアを使用しながら参加者によって「うた」の空間が作られ、それは受け手の参加度の高さからこの空間が存続しているということである。このように片桐は、マクルーハン理論を応用しながら日本のフォークソング運動を記述しているのである。[66]

64　同前。

65　McLuhan, ibid., pp. 23-24. マクルーハン『メディア論』、二四ページ。

66　片桐は、マクルーハンのみならず、鶴見の『限界芸術論』とともに柳田の民謡論も取り入れながらフォークと替え歌について記述している。このことは筆者とのインタビューにおいても語られたものである。

5 「うた」「文化」「ローカル化」

そして、このようなフォークソングによる「うた」の空間という領域は、「文化」というものを再考する契機にもなると考えられる。

【1】「うた」と「文化」

一九六八年八月に京都で行われた「第三回関西フォークキャンプ」に東京から参加し、翌年URCからデビューしたフォーク歌手、高田渡[67]は彼のアルバムにおいて、ラングストン・ヒューズの詩を取り上げている。ヒューズは、アメリカの黒人文化運動である文芸復興運動（ハーレム・ルネッサンス）の中心人物として知られているが、彼はジャズとのコラボレーションのアルバムを製作している。ちなみにヒューズを日本に紹介した木島始は、ジャズについての書物を著し、またW・F・B・デュボイスの『黒人のたましい』、リロイ・ジョーンズ『ブラック・ミュージック』などを翻訳していた。

ところで高田は、後にリリースしたCDである『日本に来た外国詩…。』の歌詞カードにおいて、外国の詩が日本に入って来ることによって日本語に親和的なものに変化していくことに期待を寄せている。[68]これは一見すると、「日本」という土台に外来文化を変形させながら受容したというように読めるが、むしろヒューズのような詩人の

67 このあたりの記述については、高田渡（二〇〇一＝二〇〇八）『バーボン・ストリート・ブルース』ちくま文庫、を参照した。

68 高田渡（二〇〇一）『日本に来た外国詩…。』アゲント・コンシピオ　AGCA-1002.

「うた」を歌うということは、そこに別のベクトルが導入されていたということもいえるのではないかと思われる。つまり、アメリカにおける黒人文化復興の中心人物の日本語に翻訳された「うた」を歌うことによって、「日本」という文化にゆらぎを与え文化を再考する実験なのではないかということである。[69] だから、ここでいう「日本」とは、複数の文化のさまざまな要素が混交したものとしても捉えることが出来るのではないかと考えられるのである。[70]

【2】ローカル化のスケープ

このような、音楽による洋楽のローカル化とフォークソングという実践から考察することで、音楽というメディアやエージェントの複合的な関係が浮かび上がってくる。音楽のローカル化は、明治時代に東京藝術大学などを中心に西洋音楽が日本に取り込まれてきた。[71] それは、主に専門家集団によるものであった。しかし、一九六〇年代半ばからのフォークソングのローカル化は、主に西洋音楽の専門家では必ずしもない大学教員（たとえばアメリカ文学者の片桐、中山容など）や批評家、フォーク歌手がその役割を担っていたというところが異なっている。そして、

69　高田は「ブラブラ節」のように、添田唖蝉坊にアメリカ民謡の曲をつけて歌っているが、もちろん彼はラングストン・ヒューズや山之口貘、添田の「うた」だけを歌っていたのではない。

70　「日本」という文化がゆらぎをはらんだものであるとの指摘は、文学研究においても見られる。小森陽一（一九九八）『「ゆらぎ」の日本文学』日本放送出版会。

71　日本における西洋音楽のインパクトは、まずは江戸時代の海軍における軍楽隊であった。笠原潔（二〇〇一）『黒船来航と音楽』吉川弘文堂。

フォークソングは、まずはポピュラーなものを志向しながら生成していったのであった。本章で考察したように、フォークソングのローカル化は、このような動きからも捉えられる。[72]

文化人類学者のアルジュン・アパデュライはグローバルな文化のフローについて、

(a)エスノスケープ、(b)メディアスケープ、(c)テクノスケープ、(d)ファイナンスケープ、そして(e)イデオスケープ[73]

というように五つの次元から考察することを提案しているが、ここで注目されるのが「スケープ」という「空間」概念によって複数の領域の交差について分析しているところである。これは、たとえば本書で考察している「フォークソング運動」を複合的な運動体として考えたときに、それは「うた」や、あるいは「書籍」「雑誌」「音源」という媒体によって表象され、そしてレコードというメディアやテクノロジー、「うた」に含まれる「反戦」や「民主主義」を求める思想というような「スケープ」として空間に編成されるといえるであろう。また、アパデュライはエージェントの役割についても言及している。[74]つまりここでは、片桐ユズルは米文学者としてボブ・ディランの歌詞やアメリカの思想を日本に紹介しながらフォークに理論的な意味付けを与える、グローバライゼー

---

72 グローバル化の理論については、小川（西秋）葉子ほか編著（二〇一〇）『〈グローバル化〉の社会学』恒星社厚生閣、伊藤陽一ほか編（二〇一三）『グローバル・コミュニケーション』ミネルヴァ書房、も参照。

73 Arjun Appadurai (1996) Modernity at Large: *Cultural Dimensions of Globalization*, University of Minnesota Press. p. 33. アルジュン・アパデュライ（二〇〇四）『さまよえる近代』（門田健一訳）平凡社、六九ページ。

74 Appadurai (1996) , p. 33, アパデュライ、同前、七〇ページ。

ションとローカライゼーションのプロセスにおけるエージェントであったわけだが、もう一方で日本におけるフォークソング運動に理論的な意味づけを与えた人物であったのである。

鶴見の議論でいえば、「大衆芸術」と分類されている「歌ごえ」やその展開において、「流行歌」と関連するものとしてフォークソングは位置づけられるだろう。しかし、そのはじまりは、「限界芸術」のなかから生まれてきたものと捉えられるのである。これは、その発生史を「限界芸術」に持っているということである。

フォークソングの理念とその始まりは、民衆文化との接点を探るというものだろうが、それがレコード化されることによってやがてはポピュラー音楽として大衆に受け入れられる。そしてフォークソングの歌い手たちは、その後「流行歌」を歌うものもいるしプロフェッショナルな歌手と位置づけられてもいる。またその消費のされ方も、「流行歌」として受け入れられているところがある。[75] そのため、むしろ本章では「限界芸術」の「大衆芸術」への流入が、フォークソングにおける「替え歌」にも現れているというところに注目したのである。

このようなフォークソング運動の「うた」は、ある時は替え歌にされ変形されることなどによって「ハイブリッド化」の契機にもなっている。以前から親しまれているうたをうたうこと、歌い継ぐこと、あるいは時にはそれを「替え歌」にするということ、これは文化が混交し流動化するということだけではない。むしろ「うた」を媒介することによって、ある契機が意味に接合され、そこに「ひとびと」の実践が生まれている。鶴見のいう「限界芸

75　たとえば、加藤和彦、北山修、はしだのりひこらのザ・フォーク・クルセダーズは、社会現象を巻き起こした流行歌のアイドル的グループだった。桜井哲夫（一九九三）『思想としての60年代』ちくま学芸文庫、も参照。また、大島渚によって、ザ・フォーク・クルセダーズ主演の映画も制作されている。岡林信康は、自身の「山谷ブルース」がフォークソングとして歌っているのにレコードには「流行歌」と書かれてあると述べている。岡林信康（一九六九）「俺とフォークソングの怪しい関係にかんする報告」高石友也、岡林信康、中川五郎『フォークは未来をひらく』社会新報、一一〇ページ。

術」は、「純粋芸術」や「大衆芸術」を媒介し、「ひとびと」の日々の行いからメディアや文化へも広がる射程を備えているのである。

本章では鶴見俊輔の「限界芸術論」の問題を、一九六〇年代半ばからの関西を中心としたフォークソング運動に応用した片桐ユズルの言説を基点としながら、その展開について考察してきた。鶴見と片桐の当時の思想的な親和性は、片桐が鶴見に言及しながらフォークソングの議論を行っているところからもわかる。そして、片桐が「替え歌」という実践を鶴見の議論とも関連させたことで、それを当時のフォークソングの方法論のひとつとして言説化したことは、フォークソング運動が思想としても位置付けられることに寄与していたのである。

第三章　表現文化と言説空間

フォークソング批評と雑誌分析を中心に

これまで考察したとおり、鶴見の「限界芸術論」はフォークソング運動において使用されていた。本章では一九六〇年代後半からの関西フォークソング運動とも関連しながら、フォークソングを言説として定義を行っていた音楽批評について考察する。フォークソングをめぐって様々な議論が展開されているが、ここでは、「東京フォーク・ゲリラ」とフォークソングを鶴見の「限界芸術論」を使用しながら意味づけていった室謙二、『べ平連ニュース』という領域やさまざまな媒体でフォークソングについて書いていた三橋一夫、フォークソングの言説からロックに転換した中村とうよう、そして関西のフォークソング運動を知るための資料となる雑誌『フォーク・リポート』を中心に関連する状況とともに取り上げていく。[1]

1　「関西フォーク」という名称は、狭義には、秦、片桐、中山編のレコード『関西フォークの歴史』とその小冊子、片桐ユズル、中山容が執筆した『関西フォークの歴史についての独断的見解』によってつけられたと考えられるが、『うたうたうた　フォーク・リポート』という言説の領域と関係者の運動がその名称に内容を与えていったと解釈される。というのも、フォークソングを「運動」として認識しながら言説領域を展開していたのが『フォーク・リポート』であったからである。これから考察するように、『フォーク・リポート』は、ポピュラー音楽文化に新たな評論を構築した中村とうよう、小倉エージ、そして片桐らが執筆していた。

1　フォークソングと音楽批評

【1】フォークソング批評の形成

戦後日本において、フォークソング以前に知識人が対象とした音楽文化の一つとしてジャズがある。[2] ジャズは、ポピュラー音楽の中でかなり早い時期に取り上げられ、批評されていた音楽ジャンルである。すでに言及したように、戦時中はアメリカでアドルノがジャズを批判していた。これは文化産業論ともつながっている議論であった。戦後は、リロイ・ジョーンズが公民権運動とも関連してジャズを批評し、ジャズが社会的、政治的なところでも評価されていくのである。

日本でこのあたりの議論を紹介した木島始は、フォーク人脈とも関連し、高田渡は木島の訳した「うた」を歌っている。これは「ことば」としてのフォークの問題とも関連するものであろう。日本の文脈としては、マイク・モラスキーが分析しているように、戦後の早い時期から映画や、批評、小説などにジャズが取り入れられていた。[3] たとえば、作家の中上健次はジャズを彼の作品のなかに取り入れ、それを若者のサブカルチャーとして描き出している。[4]

2　演歌については、輪島祐介（二〇一〇）『創られた「日本の心」神話』光文社新書。
3　マイク・モラスキー（二〇〇五）『戦後日本のジャズ文化』青土社。
4　同前。中上健次（一九七九）『破壊せよ、とアイラーは言った』集英社など。また、テレビタレントとして活躍した大橋巨泉もジャズ評論家であったし、司会者のタモリはジャズ・トランペッターとしての側面もある。日本のエンターテインメント・テレビ番組の先駆けでもあった、『シャボン玉ホリデー』に出演していたクレイジーキャッツもジャズバンドであった。

そして「民謡」も、フォークソングとの関連から取り上げられるジャンルである。「民謡」とフォークソングについては、音楽評論家、三橋一夫が『フォーク・ソング』[5]において、「フォークソング」を「民謡」という言葉によって説明している。

三橋はここで、

ともあれフォーク・ソングが広まっていくなかで、これがついに「アメリカ民謡」とは呼ばれず「フォーク・ソング」と呼ばれているのは、たんに片かなのほうがカッコいいというだけではない、別の事情があった。日本では民謡といえば古い歌をさしているのだが、フォーク・ソングといえばアメリカ独立運動や南北戦争当時の歌、英国から来たままの歌をはじめ現代の歌までが含まれる。後に本文で見られるように、古い新しいによる区別はつけられないのである。／しかしフォーク・ソングに日本に前からあることばで言いなおすなら、やはり「民謡」である。[6]

と述べている。

しかし、三橋はつづけて、この本で取り上げられているフォークソングが果たして「民謡」と呼ばれるものなのかはわからないという。これは、「アメリカ民謡」をどう考えるのかという問題と関わる。[7]

5　三橋一夫（一九六七）『フォーク・ソング』新日本出版社。
6　同前、一〇ページ。
7　同前、一〇－一一ページ。

ひとつには、資本主義という体制のなかで、民謡・民俗音楽はどのように生存し、成長するのかという問題である。日本のように、民謡は古い歌、農村の歌と考えられがちなところでは、機械文明のまっただなかで民謡が出てくるはずはない、アメリカには民謡らしい民謡があるはずがないと見なしてしまいたくなる。[8]

もうひとつは、「アメリカ民謡が広く親しまれるようになることはうれしいが、これがコカ・コーラのようになることを恐れる」[9]というピート・シーガーの言葉を引用しながら、「アメリカ民謡」が世界に広がることと、それがたとえば日本の場合、アメリカや日本の民俗音楽への深い理解につながってないのではないかという問題であった。[10]

三橋の『フォーク・ソング』は発行が一九六七年であり、ここに収められているのは一九六六年の雑誌連載のものであった。また一九六六年発行の『フォーク・ソングのすべて』[11]において、三橋は「民謡」という言葉でアメリカのプロテスト・フォークを論じている。

そして、音楽評論家の中村とうようにおいても、フォークソングを民謡として捉える視点があった。中村は、自身の初期の論考を集めた『フォークからロックへ』の中の「アメリカ民謡復興運動」（一九六四年）の中で、アメリ

8　同前、一二ページ。
9　同前、一四ページ。
10　同前、一四ページ。
11　中村とうよう編著（一九六六）『フォーク・ソングのすべて』音楽ノ友社。

中村とうよう・三橋一夫・三井徹・神崎浩『フォーク・ソングのすべて』東亜音楽社、1966年

カのフォークソングを「民謡」という言葉で捉えている。また、アメリカ文学の研究者、三井徹も『フォーク・ソングのすべて』に収録の論考において、バラッドの伝統からアメリカ民謡とフォークソングを考えていたのである。[12]

以下では、戦後日本におけるフォークソング文化を、批評家や当時のポピュラー音楽文化の言説のなかで考えていきたい。ここでは、雑誌のように大衆文化として流通しているものと、その読者欄に見られる人々の感情や意見などが表出されているものを取り上げる。そのことによって、言説と大衆文化の往還がわかるのではないかと考えられる。そして、本章では当時のポピュラー音楽文化の言説領域を設定する上で、中村とうよう、室謙二、三橋一夫らのフォークソングとポピュラー音楽に関する言説について、そこにどのような意味づけがあたえられていったのかについて分析する。

まずは、音楽文化が批評性のあるものとして立ち上がる契機を、中村のフォーク論から彼が創刊した『ニューミュージック・マガジン』というメディアから考察する。

12　三井徹（一九六六）「バラッドとその周辺」中村とうよう編著『フォーク・ソングのすべて』音楽之友社。三井徹（二〇一二）『執筆総覧＋出演総覧』私家版、の年譜によると、三井は、研究を始めた初期のころから、バラッド、ピート・シーガーに関する論考を執筆している。

【2】『Sing Out!』

フォークソングの専門誌、『Sing Out!』はフォーク言説に関わる知識人、批評家たちのあいだで利用されていた。[13]三井徹によると、『Sing Out!』はもともとはフォークソングに関心を持っていた中村とうようが、一九六六年の八、九月号に「ロックの展開」としてポール・ネルソンによる論考が掲載されることによって、そこでボブ・ディランと並んでビートルズが取り上げてられていることにポピュラー音楽の展開を読み込んだ雑誌であるということである。[14]そして、『フォーク・リポート』も『Sing Out!』を参考に作られていた。[15]

次に見ていくように、中村とうようが『ニューミュージック・マガジン』というポピュラー音楽に関する新しい雑誌を創刊することによって、日本にポピュラー音楽批評の言説空間を構築していくときに、『Sing Out!』や『Rolling Stone』『クロウダディ』といった海外の音楽雑誌を翻訳することで、音楽文化におけるアメリカと日本というような中心（アメリカ）と周縁（日本）の問題も浮かび上がってくる（たとえば、日本語でロックを歌うことについてなど）。このような活動は、三井徹のようなアメリカ文化を専門とする学者と協同することによって行われていたのである。

13　片桐が京都精華短期大学に転出する前に勤めていた松蔭短大（神戸松蔭女学院大学）の図書館には、フォークソングの専門誌、『Sing Out!』がかなり早い時期の号から所蔵されている。日本の大学において『Sing Out!』のバックナンバーが所蔵されているのは、CiNii Books によると神戸松蔭女学院大学と東海大学だけである。

14　三井徹（二〇一一）「『ニューミュージック・マガジン』創刊までのこと」『アルテス』創刊号。

15　村元武（二〇一六）『プレイガイド・ジャーナルへの道1968-1973』東方出版、一六ページ。

中村が三井とともに出版した『フォーク・ソングのすべて』において、中村は「信頼できるフォーク・ソングのガイドブックがほしい」という要望に応えるというかたちで本を出版したと書いている。そして「日本でのフォーク・ソング・ブームは、体はすっかりオトナになっているのに精神の発育がそれにともなっていない近ごろのハイティーンとよく似ているようです」とブームだけではないフォークソングについてのガイドブックという意気込みを述べている。[16] ここではアメリカのフォークソングの歴史から、三井のバラッド論、三橋一夫のプロテストソング論などを収録している。

【3】中村とうようと『ニューミュージック・マガジン』

中村とうようは、『うたうたうた フォーク・リポート』にも寄稿しながら『ニューミュージック・マガジン』を創刊した。『うたうたうた フォーク・リポート』の創刊号には、中村の「世界のプロテスト・ソングを集めたレコード」が収録されている。中村は大阪労音にも関わり、一九六五年五月の黒人フォークシンガー、オデッタの来日には、鶴見が司会を行ったということである。[17] 篠原章によれば、この時にべ平連の人脈と関わったのだという。[18] そして、『フォーク・リポート』の第二号には「ニューミュージックマガジン発刊のことば」が掲載されている。

16 以上は、中村とうよう(一九六六)『フォーク・ソングのすべて』主婦と生活社、一ページより。
17 篠原章(二〇〇四)『日本ロック雑誌クロニクル』太田出版、における中村へのインタビュー、一〇二ページ。
18 同前、一〇三ページ。

私たちは、ロックンロールという若ものの文化、明日の文化を、極めて重視する。……リトル・マガジンとしてのゲリラ性を留保し、絶えず情況の中に鋭く切り込み、若ものの立場を発言しつづけて行くつもりである。……[19]

『ニューミュージック・マガジン』は一九六九年四月に創刊されるが、そこには片桐ユズルがビートルズについて書いている。『ニューミュージック・マガジン』創刊当時は、まだ『フォーク・リポート』関係者や小田実といったべ平連の関係者も寄稿していた。それが、中村は当初フォークに寄せていた期待から、片桐ユズルについて「ことば」を重視していると、後年のインタビューにおいてフォークの音楽性とロックとの違いに言及するようになるのである。[20]

また小倉エージも『うたうたうた　フォーク・リポート』の創刊号の論考「ニューロックに見出すもの」において、アメリカの新しいポピュラー音楽について書いている。

このように、当時のフォークという言説は、アメリカにおいても、そして日本においてもジャンルの幅の広がりがあるものとしてカテゴライズされていたのである。その後、『ニューミュージック・マガジン』においては「フォーク」とは異なる「ロック」という音楽ジャンルが称揚され、それから「ワールドミュージック」というジャンルへとこの雑誌は音楽の幅を広げていくことになる。

URCレコードは『新宿一九六九年六月』というレコードを「ドキュメントシリーズ」と銘打ってリリースしている。このレコードの解説は中村とうようであり、録音には早川義夫、小倉エージも参加していた。編集は早川義

19　『フォーク・リポート』第二号、一八ページ。
20　篠原『日本ロック雑誌クロニクル』、一一六ページ。

夫が行っている。これはフォークソング運動の記録の一つであり、ベ平連と運動の交差を象徴的に示す事例であろう。また、この時期にはフォーク・ゲリラの活動はソノシートに音声が記録され、映像としてもそれは残っている。[21] このように複数のメディア、関係者の交差からフォークソングの「運動」を捉えることが出来る。[22]

レコードA面には、学生のアジ演説、文句をいうオジサン、交番からの警告アナウンス、「機動隊ブルース」(受験生ブルースの替え歌)、デモ隊のシュプレヒコール。B面には「勝利をわれらに」、フランス・デモを展開しようとする学生たち、機動隊との衝突、「栄チャンのバラード」、機動隊とデモ隊の怒号と怒号、そして「カッコよくはないけれど」(マルヴィナ・レイノルズ原作)といったなまなましい模様を聞くことができる。[23]

中村がこのライナーノーツを書いたのが一九六九年七月であるが、『ニューミュージック・マガジン』創刊時(一九六九年四月)には、片桐と『かわら版』で関わっていた小倉エージも編集を行っていた。また『ニューミュージック・マガジン』の創刊号には、劇作家の寺山修司が寄稿しているように、歌の含意するものとは「ことば」であった。これは先ほどの引用のように、中村とうようが片桐ユズルを評して「言葉派」と述べていたように、音楽のジャンルをフォークからロックへの流れを言説として構築して行くときに意味が変容して行く。それは、中村が

21　例えば、ソノシート「新宿広場・六九」『朝日ソノラマ別冊』一九六九年、ドキュメンタリー映画である「六九春〜秋　地下広場」は『新宿一九六九』として二〇一四年に再発された。

22　フォークソングの「運動」については、例えば、「フォーク・ソング運動の問題点」『フォーク・リポート』一九六九年五、六月号など。ここには東京フォーク・ゲリラは登場しない。

23　「新宿一九六九年六月」URCレコードの中村とうようによるライナーノーツ。

『ニューミュージック・マガジン』創刊号

一九七一年に出版した『フォークからロックへ』において、自身のフォークからロックへ軸足を移していくことについて述べていることからもわかる。[24]インタビューで中村が述べているのが、フォークの「言葉派」に代えて「ビート派」と自らを定義することであり、音楽にビートを取り入れることに意識的であった、内田裕也を評価し『ニューミュージック・マガジン』誌上で「日本語ロック論争」といわれる「『日本のロックを育てる』という目標に向かって邁進することになった」ということである。[25]

ここから読み取れるものは、言葉からサウンドへの流れとしてポピュラー音楽を捉えるということであろう。ロックにおいては、歌詞はメッセージであるということに加えて、どのように日本語の歌詞をリズムに乗せるのか、ということにも注意が払われるようになるのである。[26]それでも、『ニューミュージック・マガジン』の初期のころには、片桐や、室憲二、中川五郎、そして小田実の

24　中村とうよう（一九七一）『フォークからロックへ』主婦と生活社。
25　篠原『日本ロック雑誌クロニクル』、一一六－一一七ページ。
26　「サウンド志向」については、小川博司（一九八八）『音楽する社会』勁草書房。「フォークの神様」といわれる岡林信康の音楽がフォークからサウンドを強調するものに変化して行く時に、はっぴいえんどが彼のバックバンドとして大きな役割を果たしていることは示唆的である。小川、同前、にははっぴいえんどの分析がある。

反戦関係の論考などが収録されていたり、ベ平連とフォークソング運動の人脈が関係しており、日本におけるポピュラー音楽文化の言説が形成される時期のメディアとして複数の人物が関わっていたのである。

【4】『ニューミュージック・マガジン』創刊当時の言説

では、『ニューミュージック・マガジン』はどういう内容の雑誌であったのか。ここでは、その言説によってどのように音楽文化が作り出されていったのかについて、創刊当時の『ニューミュージック・マガジン』の記事を中心に考察していく。

『ニューミュージック・マガジン』一九六九年四月創刊号の内容は、植草甚一の「ニューロックの真実の世界が覗いてみたい」に始まり、加藤和彦、寺山修司、小倉エージなどのエッセイが掲載されている。植草甚一はジャズ評論家として知られていたが、ここではビートルズやドアーズなどから「ニュー・ロック」という「ロック」の新しい波に期待を寄せる文章を書いていた。また、ザ・フォーク・クルセダーズ解散後の加藤和彦はイラスト付きの物語、寺山修司は「歌」についてインタビューに答えている。この時は片桐ユズルも「ビートルズ」に関するエッセイを寄せており、寺山がプロテストソングの「歌」について語っているように、フォークとロックは混在したまま雑誌の言説が立ち上がっていた。それでも、創刊号からアート・ロックとホワイト・ブルースに関するエッセイが載せられており、『ニューミュージック・マガジン』の雑誌としての方向性は与えられていたと考えられる。

それから一九六九年では、五月号でカントリー音楽が取り上げられているが、これもロックとの関わりからである。六月号では、植草が「ネグリチュード」とロックの関係について書き、ブルースの歌詞を「民衆詩」として取り上げたエッセイが載せられていて、ロックというもののルーツの一つとして挙げられるブルースが特集されていた。そして、この号から表紙に「ニューロックとリズム&ブルースの専門マガジン」と銘打つようになっている。

七月号は特集がボブ・ディランであり、再び片桐のエッセイが掲載されている。この号には「クロウダディ」の編集をポール・ウィリアムズから代わった、チェスタ・アンダスンの「ロック地質学のためのノート」が訳出されている。ここからもわかるように、『ニューミュージック・マガジン』は、翻訳を積極的に掲載することによって、ポピュラーな音楽を扱いながらも、そこにサブカルチャーに関する知識を提供するという言説領域を形成していたと考えることが出来る。

またこの当時は、高石、岡林、中川の『フォークは未来をひらく』の広告も載せられている。一九六九年九月号には現代音楽作曲家の武満徹が「ロックとアメリカの変革」を寄稿し、政治と音楽に関連しながらロックについて述べている。そして、矢部波人「アメリカ文化革命におけるロック」ではロックを「反逆の音楽」として意味付けている。この論調は一九六九年一〇月号の特集「想像力の解放としてのロック」というところにも受け継がれている。

そしてこの流れが「第一回ロック・フェスティバル」に続くのだが、このコンサートは九月二六日の反戦フォークの集会の次の日に行われ、編集部の文章や寄稿しているデイビッド・グッドマンのエッセイからは、それらが連続したものとして取り上げられているのである。[27] この会場で行われたアンケートによれば、回答者の平均は一八・五才ということであり、取り上げられているコメントは大学生、高校生がほとんどであった。[28]

---

27 日本ロック・フェスティバルについては、http://homepage1. nifty. com/rock70s/kosenjyo/hibiya03. html も参照した。(二〇一七年六月五日現在閲覧不可)

28 西山正「ロック・フェスティバルをのぞいたひとりのジャーナリストが感じたり考えたりした若干のこと」『ニューミュージック・マガジン』一九六九年一一月号、三二ページより。

一九六九年一二月号では、「第一回ロック・フェスティバル」に続くロック集会についての記事が掲載される。そこで演奏していたのが、エイプリルフール、早川義夫、遠藤賢司というフォーク人脈であったのである。ここでは、日大全共闘へのシンパシーとロック集会が結びつけられている。

また、『ニューミュージック・マガジン』と反戦運動が結びつく人脈が誌面に現れるのが、一九七〇年三月号の特集「カム・トゥゲザー—みんな一緒に」である。ここでは、「べ平連」の小田実がその活動に関して述べ、下の段では、榊原昭宏が『べ平連ニュース』を紹介しながら、新宿西口でのフォークソング集会について書いていた。また、この号ではダグラス・ラミスが「ロックとレボリューション」について語っている。ラミスは、フォークソング文化からロックへの流れを取り上げて、ロックが人々を解放するものであるという考えを述べている。[29]

このように、『ニューミュージック・マガジン』は、「ロック」という音楽文化が立ち上がるのに、創刊からしばらくはフォークの人脈との関係も有していたのである。これは、六〇年代後半のベトナム反戦運動や「東京フォーク・ゲリラ」などとも連動していたということである。[30]

【5】「限界芸術論」の使用、室謙二、『時代はかわる』

ところで、鶴見の『限界芸術論』は、フォークソングに関する書物のなかでも引用されている。では、鶴見の議

29　ダグラス・ラミス（魚澤藍子訳）「みんな一緒に行こう」『ニュー・ミュージック・マガジン』一九七〇年三月号。

30　それが七〇年代になって「ロック」という言説領域として自律し、『ニューミュージック・マガジン』は『ミュージック・マガジン』と誌名を変えて、「ワールドミュージック」を含み込んでいくことになる。

室謙二編『時代はかわる――フォークとゲリラの思想』社会新報

論がどのように使用されていったのか。ここでは、先に言及したように中村も注目していた「東京フォーク・ゲリラ」を中心に取り上げる。[31] 鶴見とフォークソングの文化をめぐる領域はいくつかの人物が相関しているが、批評家の室謙二について見ていきたい。室は、「べ平連」に関わってから『思想の科学』の編集代表も務め、八〇年代後半から渡米し九八年には市民権を取得している。[32]

ここでは、室が編集している『時代はかわる』から、鶴見の議論の受容と応用について見ていく。この本は「東京フォーク・ゲリラ」の活動を中心に捉えながら、彼らの活動と「新しい空間」について、そしてフォークの思想、理念について考察したものである。

室は東京フォーク・ゲリラについて次のように述べている。

> 東京フォーク・ゲリラは、べ平連運動の中から生まれたけれど、それの下部組織とかなんとか、そんなものでは、まったくないということだ。(略)

31 うたの空間については、粟谷佳司（二〇〇八）『音楽空間の社会学』青弓社、も参照。

32 室謙二（二〇一二）『天皇とマッカーサーどちらが偉い？』岩波書店、の著者紹介より。

フォーク・ゲリラの運動の糸をたどって、さかのぼろうとすれば、たとえば尻石友や（今の高石友也）の出現とか、ベ平連がおこなったジョーン・バエズのティーチ・インという風に二、三年前から始めることも出来るのだけれど、この運動が起こった直接的なキッカケは、やはり去年の終わりごろから、何回も関西のフォーク・ゲリラが東京に来て歌ったことだろう。[33]

室も述べているように、「フォーク・ゲリラ」とは、一九六九年の二月頃から毎週土曜日の夕方に新宿西口広場で行われていたベトナム戦争への反戦フォーク集会であった。それが、「東京フォーク・ゲリラ」と名乗るようになり、一九六九年の五月二四日から七月一九日までの集会で三千から五千人の人々が集まったという。[34]

そして、この本の中に鶴見の『界芸術論』の理論的な部分にあたる「芸術の発展」が収録されているのである。鶴見の「芸術の発展」が収録されているのは、「IIフォークソングとは何か」における「五」にあたる部分だが、その前の「一」のところで、室の「フォークソングはひとつのスタイルか」という文章がある。ここで鶴見が援用されている。

室は、フォークソングを、

33　室謙二（一九六九a）「ドキュメント・東京フォークゲリラ」室謙二編『時代はかわる　フォークとゲリラの思想』社会新報、二一－二二ページ。

34　たとえば、同前、「ドキュメント・東京フォークゲリラ」九－六一ページ、三六ページなど。この運動のなかで二人が起訴された。同前、五八ページ。

大げさに言えば、一つの芸術的立場である[35]

と述べ、

フォーク（Folk）ということころには、『人々、人民』のというようなことが、多分書いてあるはずだ。[36]

とフォークと「人民」すなわち「ピープル」あるいは「民衆」を結びつけている。そして、柳田国男の民謡論から、

ここで柳田国男が言っている民謡についての定義を少し広げて、そしてそれをフォーク・ソングという言葉が指すものと重ねてみたいのだ。[37]

と書いている。

室は、フォークソングの「芸術的立場」というところの「芸術」について、鶴見の「限界芸術」から説明している。つまり、「まだ分化していないし完成されていない、いわゆる芸術となっていない、あそび、話し歌などを重要視する立場」が「芸術的立場」であるということである。[38]そして、それを生活のなかで捉えようとしているの

35　室謙二（一九六九b）「フォークソングとは何か」室謙二編『時代はかわる　フォークとゲリラの思想』社会新報。
36　同前、六六ページ。
37　同前、六七ページ。
38　同前、六七ページ。

である。
このようにフォークソングを定義するときに鶴見の『限界芸術論』が引用されているが、室が鶴見の議論から援用したのが、柳田國男であった。そして、柳田の定義を広げてフォークソングと結びつけようとしている。フォークソングは、もちろん柳田の定義だけには収まらないラジオやレコードといったポピュラーなメディアを経路として発展してきている。しかし、室はここでフォークソングを「人々」すなわち「ピープル」「民衆」のものとして捉えようとしているのである。フォーク・ゲリラによって歌われていたものは、フォークソングの中でも替え歌であったりすることで、それはまさに「限界芸術」と「大衆芸術」が交差し、そこに政権批判などの時事的問題が組み込まれることで、鶴見の議論が読み替えられながら構成された「うた」や「言説」の領域となるのである。

室の論文のあとに二つの論文をはさんで、鶴見の「芸術の発展」が収録されている。また、この本はアメリカのフォークソング誌『Sing Out!』から四つの論文が収録されている。[39]

日本におけるフォークソングは、もともとはアメリカからの輸入された文化であり、「知的な香り」を楽しむキャンパス・フォークという流れがあった。[40]『時代はかわる』は「Iドキュメント・東京フォークゲリラ」と「あとがき」からもわかるように、東京フォーク・ゲリラに関する活動を中心に編集されていた。そして、この本の編集の議論には片桐ユズルや中尾ハジメも参加しながら、キャンパス・フォークとは異なるフォークという音楽文化が『Sing Out!』の議論も援用されながら新たな意味として構想されていくのである。

39 当時の『Sing Out!』を調べてみると、アメリカのフォークソングの専門誌であるのだが、「マルコムX」や「キューバ音楽」についての記事が掲載されていたり、ミシシッピブルースに関する記事があったりと、いわゆる日本においてフォークソングとして想定されるものばかりではない音楽の広がりがあった。

40 前田祥丈・平原康司（一九九三）『60年代フォークの時代』シンコー・ミュージック、四五ページ。

【6】ローカル化な空間におけるフォークソング

ここでは、フォークソングのローカルな状況における展開という問題について考える。これは、社会状況のなかで、どのようにフォークソングが実践されていたのかということを捉えるためである。そのために「空間」に関する議論を参照する。そして、当時の状況においてフォークソングはどのような意味が関係者によってもたらされたのかについて見ていく。

すでに述べたように、フォークソングは当初は外来文化としてキャンパス・フォークとして輸入されたが、それが日本というローカルな空間において展開するときに、鶴見の『限界芸術論』が、柳田國男の民謡論や宮沢賢治の「農民芸術概論」とともに『時代はかわる』のような書物に使用され、そこでフォークソングが「人々」「民衆」のものであるというように言説として定義されたのである。つまり、フォークソングが運動に関わるものとして意味付けられるときに彼らの議論が応用されていったのである。

ところで歴史学者の安丸良夫は民衆や大衆について、

『民衆』・『大衆』という用語を明確に定義したり、実態存在として規定したりするのは難しい。(略)知識人が『民衆』や『大衆』というとき、それはひとつの抽象であり、具体的なあの人・この人を離れてある媒介された捉え方をしていることを物語っている。[41]

41　安丸良夫(二〇〇四)『現代日本思想論』岩波書店、五六ページ。ここでは鶴見が言及されている。

と指摘をしているが、「東京フォーク・ゲリラ」のように、それが実体的に新宿駅西口広場という「空間」に存在していたということは、フォークソング運動に意味を与えようとする知識人や批評家にはリアリティをもって受け止められたのではないかと思われる。

このように海外から輸入されたフォークソングという文化は、ローカルな場所で意味づけされることによって「ひとびと」の活動のツールとして使われることになるのである。そして、フォークソングに鶴見の「限界芸術」の定義が取り入れられることによって、プロフェッショナルではない「ひとびと」によってもそれが演奏することが出来るという、まさに能動的に文化の生産に関わるという契機が見られるのである。それが「東京フォーク・ゲリラ」のように、ベトナム反戦運動のなかで参加者によって歌われるものとしてあったのである。鶴見自身も、当時のある「べ平連」の集会において参加者によって「ウィ・シャル・オーバーカム」ではなく「インターナショナル」が歌われた様子を描いているように、当時のフォークソングは政治集会の場（空間）においても歌われていた。[42]

このように、ポピュラー音楽文化の言説において、鶴見の議論が使用されることで、フォークが「限界芸術論」における「ひとびと」の行いと重ね合わされ、それが「ピープル」「民衆」のうたであるということが浮かび上がってきた。そして、このことと関連しながらフォークソングと市民運動の領域が言説のなかに現れてきたのであった。ここでは、ポピュラー音楽言説の自律性と民衆のうたである「フォークソング」による文化の実践が目指されたのである。これは、ベトナム反戦運動においてフォークソングが歌われていたことが象徴的なように、言説のレベルでは『べ平連のうた』という書物や、『週刊アンポ』においてフォークソングの楽譜が掲載されていたり、実際の

42　小田実（一九九五）『「べ平連」・回顧録でない回顧』第三書館、三三九 - 四〇〇ページにおける鶴見の文章からの引用。

集会という空間において「うた」が歌われていたということにも象徴的にあらわれている。

『ベ平連のうた』芸術出版

【7】空間の生産

「東京フォーク・ゲリラ」をめぐっては、批評家の三橋一夫は「フォーク」ということばの持つ意味をある観点から考察している。それが「場所」である。三橋はフォークについて精力的に著作を発表していた[43]。そして、フォークソングにおける「空間」を考察するうえで、「東京フォーク・ゲリラ」の活動はひとつの転換点となろう。これは、室憲二編の著作においても言及されているところである[44]。

ここで室謙二が述べている、「東京フォーク・ゲリラ」による「新しい空間」という議論について見ていこう。室が「東京フォーク・ゲリラ」について書くことで、「空

43　たとえば、三橋一夫、前傾書『フォーク・ソング』新日本出版など。三橋は『フォーク・ソングの世界』において、フォークというジャンルを定義づける試みを行っていた。

44　また、「ベトナムに平和を！市民連合」で活動していた小田実もフォークゲリラについて書いている。『ベ平連のうた』芸術出版社。

間」の問題が提起されていたのである。室は『フォーク・リポート』の編集にも関わっており、フォークソング運動がまさに文化、思想としての広がりを持っていたということがここで表象されていたのである。

室によれば、新宿駅西口は広場から通路に意味付けが変更されたが、しかし「新しい空間」としての「広場」の思想から、西口広場は道路ではなく「広場」であり、それは表現の自由、集会の自由としての「広場」という考えが提起され、表現、集会におけるフォークというフォークソング運動に意味付けが与えられていったのである。[45]

この「広場」という「空間」は、人々によって「利用」されることによって、「公共空間」の議論とも関係する。例えば、ドン・ミッチェルは「公共空間」の問題について、アンリ・ルフェーヴルの議論から言及している。「都市」と「空間」については、ルフェーヴルによっても集中的に分析が行われていた。ルフェーヴルの「空間」への取り組みは、彼の都市論から日常生活の社会学、哲学とも併走しながら『空間の生産』に結実する。「空間」概念を中心にした社会、文化環境に関する議論のなかで、ルフェーヴルは、「空間」が生産関係の再生産の領域であるとの観点から考察している。そして、ルフェーヴルは『空間の生産』において、「社会空間」を「社会空間は社会的生産物である」と定義する。これは「空間」が社会的に生産され実践されるということを捉えたものである。ルフェーヴルによれば、「空間」は物理学の空間や心的な空間とは区別されながら固有の現実となる。「社会空間」とはそこで様々な事柄、つまり経済的な領域である生産諸力、構造、上部構造や、身体、映像、記号、言説、象徴などの領域までもが「生産」され「実践」されるのであり、そして「空間の生産」によって、経済、政治、国家から人々の日常生活の実践の場までもが空間によって生産されるということである。[46]

45　室謙二（一九六九ａ）「ドキュメント・東京フォークゲリラ」室謙二編『時代はかわる』社会新報、五九ページ。
46　以上、Henri Lefebvre, (2000) *La production de espace*, 4th edition, Anthropos, p. 35, pp. 7ff. アンリ・ルフェーヴル（二〇〇〇）『空

ルフェーヴルは『空間の生産』のなかで、「空間的実践」「空間の表象」「表象の空間」という概念によって、社会における空間とその諸関係について考察していた。「空間的実践」とは、「生産と再生産を、そしてそれぞれの社会構成体を特徴づける特定の場所と空間配置をふくんでいる」とされ[47]、これは、聴覚から視覚が優位となる近代社会における「知覚されるもの」「知覚された空間」[48]ともいわれている。「空間の表象」は「思考される領域」[49]であり、それは、科学者や社会・経済計画の立案者の空間である。[50]「表象の空間」は「生きられる経験」として、「住民」、「ユーザー」あるいは「芸術家」、「作家」、「哲学者」などそこに住む「ひとびと」の空間であるといわれている。[51]これら三つは「(相対的な)自律化 autonomisation (relative)」により「新しい諸矛盾をもたらす」[52]と言われ，「知覚されるもの」「思考されるもの」「生きられるもの」は弁証法的関係にあるということである。[53]ここで、公共の空間とはしばしばルフェーヴルのいう「空間の表象」に由来しているが、「ひとびと people」が利用することによって「表象の

間の生産』(斎藤日出治訳) 青木書店、六六ページ、三五ページ以下。また，地理学者のデレク・グレゴリーは，ルフェーヴルの空間論から，空間を「抽象的空間 Abstract space」と「具体的空間 Concrete space」に分類し，「抽象的空間」を「経済」や「国家」の領域として「具体的空間」が日常生活の場であるという。Derek Gregory, (1994) *The Geographical Imaginations*, Blackwell, pp. 401-402.

47 Lefebvre, ibid., p. 40 訳、七五ページ。
48 ibid., p. 48訳、八二ページ。
49 ibid., p. 48訳、八二ページ。
50 ibid., p. 48訳、八二ページ。
51 ibid., p. 43訳、八三ページ、Rob Shields (1999), Lefebvre, *Love and Strugle.* Routledge. 斉藤日出治（二〇〇三）『空間批判と対抗社会』現代企画室、一三七ページ以下。
52 Lefebvre, (2000) *La production de espace*, p. 49. ルフェーヴル（二〇〇〇）『空間の生産』(斎藤日出治訳) 青木書店、八三ページ。
53 Lefebvre, ibid., p 49, 訳八三ページ。

空間」にもなりうるとミッチェルはいう。[54] つまり、公共空間とは、「ひとびと」の「利用」によって「生きられる経験」としての「ユーザー」の空間となるということである。

「空間」から音楽文化を考えるということは、室だけに限られない。たとえば、三橋もフォークの定義を考察するなかで羽仁五郎について言及している。羽仁は、三橋も寄稿していた『週刊アンポ』でインタビューに答えていた。[55]

三橋は、一九六九年にベストセラーとなった羽仁五郎『都市の論理』を引用しながらフォークの空間を意味づけている。ここで三橋は、羽仁の『都市の理論』における「市民の集会する広場」としての「アゴラ」から「場所」の問題に結びつける。そして「市民が自由に集会してうたう場所」として「フォーク・ゲリラ」の活動を挙げているのである。[56] これは、室の議論である「新しい空間」の思想としての「東京フォーク・ゲリラ」という考えとも共通するものであろう。このように、羽仁の思想がフォークの分析に「使用」され、そこで「空間」としての「広場」や「場所」が取り上げられているのである。[57]

54　Don Mitchell, (1995)" The End of Public Space? People's Park, Definitions of the Public, and Democracy" *Annals of the Association of American Geographers,* Vol. 85, No. 1. p. 115. ドン・ミッチェル（二〇〇二）「公共空間は終焉したか？」浜谷正人訳、『空間・社会・地理思想』第七号、九四ページ。

55　『週刊アンポ』一九六九年一二月二九日号。

56　三橋一夫（一九七二）「『都市の論理』とフォーク・ソング」「アゴラを現出させたフォーク・ゲリラの魔術」『フォーク・ソングの世界』音楽之友社。

57　このように空間から人々の活動を考えるということは、ルフェーヴルの空間論にも関連するものであり、それは、世界的な思想の潮流の中で空間の問題圏が同時代的に思考され実践されていたということであろう。

【8】小田実

ここでは、知識人と音楽文化について、本書における議論との関連から、「べ平連」で中心的な活動を行っていた小田実を取り上げる。

小田の代表作でありアメリカ体験である『何でも見てやろう』には、音楽に関しては作曲家や劇場音楽、映画音楽の作曲家が登場する。フォークソングとも関わるビート詩人は登場するが、フォークやそれに関連する運動については書かれていない。ビート詩人といえば、日本では片桐が行っていた詩の朗読会というようにフォークソング運動とも関係がある。

しかし、小田にとって音楽文化が自身の活動と関係ないのかといえばそうではない。小田は『べ平連のうた』や『ニューミュージック・マガジン』にも原稿を寄せていた。これは、フォークソング運動を中心とした音楽文化を小田が評価していることのあらわれであろう。また、彼の編集していた『週刊アンポ』には巻末の扉に「うた」が記載されており、運動とフォークに関わるインタビューも載せていたのである。[58]

小田にとって、「べ平連」の運動の中に音楽の持つ意味がどういうものであったのかが伺える文章がある。それが、小田が「べ平連」に関して述べるなかで、音楽の契機について記しているところである。[59] これは、六八年八月一一から一三日に京都で行われた「反戦と変革にかんする国際会議」において、「インターナショナル」や「ウィ・

58　『週刊アンポ』No. 一〇。「この人と語る」において、新宿フォークゲリラの裁判の記事が掲載されている。
59　中川五郎も述べているように、べ平連の集会においてはフォークが歌われていた。

シャル・オーバーカム」がうたわれたことについて書かれている箇所である。[60]

そして、そこで小田が書いているのは、「べ平連」は「ピープル」の運動である、ということであった。

もうそれ（「べ平連」のこと。引用者）は社会変革を志す以上、たんなる市民運動であるはずがない、英語の名称にあったようにあちこちの国の「ピープル」の運動でなくてはならない―と説く人も参加者のなかにいた。[61]

このような「うた」が起こってくる契機に関しては、鶴見が「べ平連」の集会について記述した文章のなかでも出てくるものである。[62] もちろん、小田は音楽を主題として書いているわけではないが、彼の編集した『べ平連』のなかにも「東京フォーク・ゲリラ」の文章を載せていたりすることなどから、フォークが「ひとびと」の「うた」として運動のなかで機能しているということを認識し、その契機を捉えていたのである。

---

60 小田実（一九九五）「一八「反戦」と「変革」、あるいは「インターナショナル」と「ウィ・シャル・オーバーカム」」『「べ平連」・回顧録でない回顧』第三書館、三三三ページ以下。

61 同前、三三八ページ。

62 鶴見俊輔「反戦の論理と軍拡の論理」『展望』一九六八年九月号。小田『「べ平連」・回顧録でない回顧』、三三七ページより。また、日本で初のインディペンデントレーベルであるともいわれるURCの秦政明が編集に関わった、フォークソング運動の雑誌『フォーク・リポート』にも反戦運動に関する記事がある。

2 『フォーク・リポート』という言説

【1】『うたうたうた　フォーク・リポート』

ここでは『うたうたうた　フォーク・リポート』とはどういう雑誌だったのかについて述べていきたい。それを一九六九年一月の創刊号から確認していく。

まず、目次の中の「うたのこと」という見出しから、広瀬勝（「フォークソングと歌謡曲の谷間」）、片桐ユズル（「うたの観念」）、早川義夫（「あぶない音楽」）、小倉エージ（「ニューロックに見いだすもの」）のエッセイが掲載されている。そして、次の「運動」には竹中労や岡林信康のエッセイ、「ひとりごと」には高田渡のエッセイが掲載され、「プロテスト」には、浅井敬（「坊や大きくならないで　反戦歌取材行」）や中村とうようのプロテスト・ソングについての論考が載っている。そして、すずき・きよし、村田拓、鳥居安芸らのエッセイと続き、「投稿窓」、「ルポ」、「唄」という誌面構成になっている。「ルポ」では、「東京フォークキャンプコンサートを行って」「フォークソング運動をすすめよう」「現在のフォーク・ソング活動における関西のある動き」といったタイトルが見られる。

創刊号では、小倉のエッセイの中でニューロックとフォークについて取り上げられている。ここからわかることは、フォークとロックは『フォーク・リポート』においては排他的ではないということである。むしろ、小倉の議論では「ニュー・ロックとフォーク・ソングのつながり」[63]について言及されている。また、『フォーク・リポート』を発行していたアート音楽出版にはもともとはザ・フォーク・クルセダーズが所属しており、メンバーの加藤和彦

63 小倉エージ「ニューロックに見出すもの」『うたうたうた　フォーク・リポート』一九六九年一月号、一〇ページ。

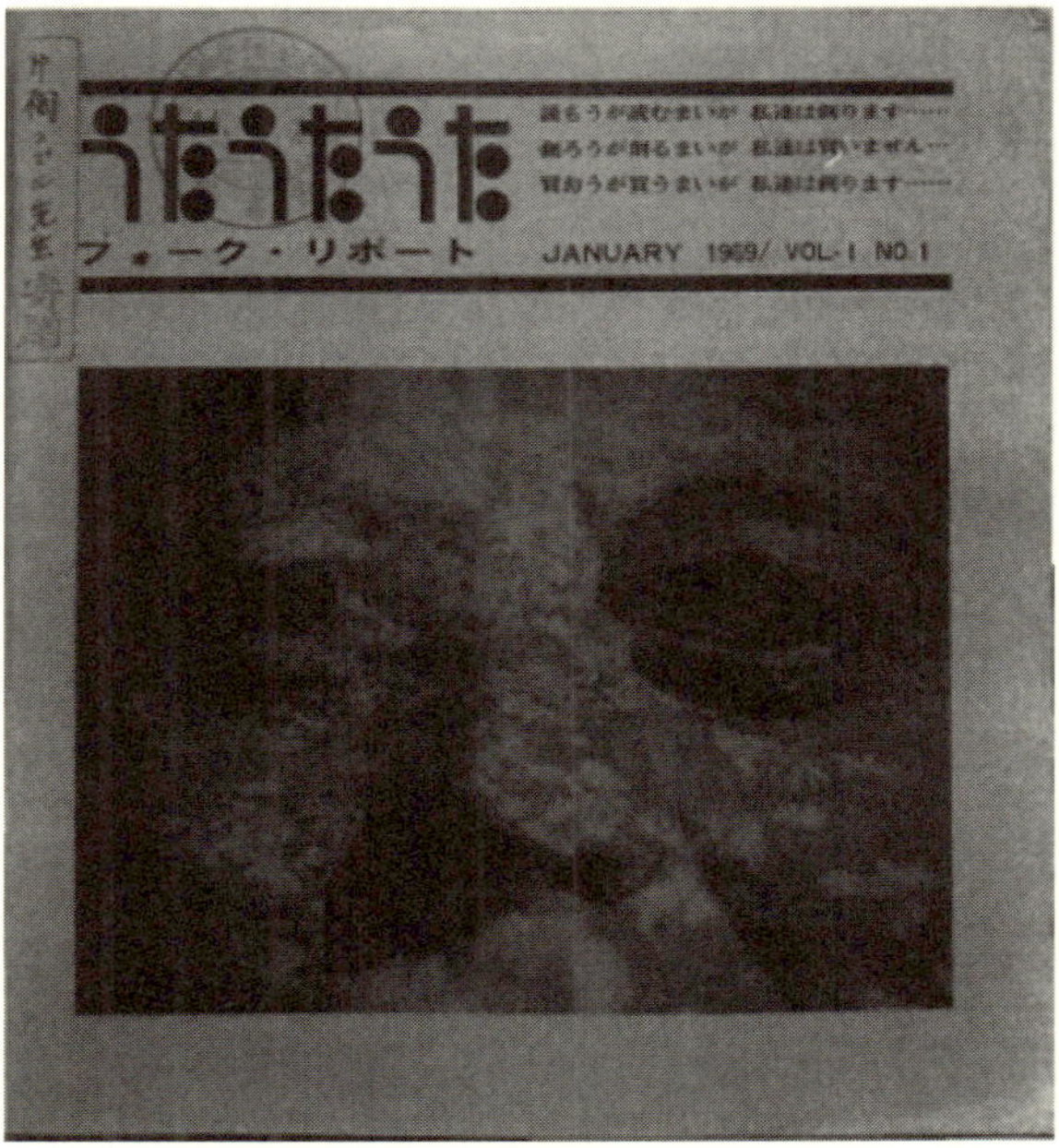

『うたうたうた　フォーク・リポート』創刊号、アート音楽出版

もインタビューにおいて、フォークソングだけではなくむしろビートルズの影響があったことを答えていた。[64] このように、ここに後年私たちがフォークとして認識しているものとは異なるサウンドやスタイルの広がりがあったことが伺えるのである。

続く一九六九年三月号では、中村の「『ニューミュージック・マガジン』発刊のことば」[65]が掲載されている。ここで、「ふおーく・そんぐ・あらべすく」（三橋一夫）という連載が始まっている。中村はその後、「情報伝達手段としての「うた」の性格」[66]、「奇っ怪な歴史のネツ造「オッペケペからフォークまで」」[67]を『フォーク・リポート』に寄稿している。三月号では、児童文学者の今江祥智「歌の誕生」も

64　加藤和彦（二〇一三）『エゴー加藤和彦、加藤和彦を語る』スペースシャワーネットワーク。
65　『うたうたうた　フォーク・リポート』一九六九年三月号。
66　『うたうたうた　フォーク・リポート』一九六九年四月号。
67　『うたうたうた　フォーク・リポート』一九六九年七、八月号。

掲載されていた。

そして、この時期の『フォーク・リポート』には、北山修「ふぉうく・ひまつぶ誌」[68]や竹中労、岡林信康、片桐ユズル、高石友也と並んで、

「ほんやら洞の詩人たち」にも参加した有馬敲
「新・イソップ物語」一九六九年九月号
「詩・朗読・フォークソング　座談会」一九七〇年五月号

京都精華大学の中山容
「うたのことば―ニホン語訳について（一）」一九六九年五、六月号
家を出るなんて簡単さ、ただ歩いて外に行けばいい」一九六九年一〇月号
「フランキー・リーはなぜ死んだか」一九七〇年四月号
「詩・朗読・フォークソング　座談会」一九七〇年五月号
「座談会―歌と状況・うたい手とききて」一九七〇年八月号
「革命への手紙」一九七〇年九月号
「新しい生き方とニューロック」一九七〇年一〇月号

68　『うたうたうた　フォーク・リポート』一九六九年九月号。

室謙二
「西口からのメッセージ」一九六九年一〇月号
「ボブ・ディランその他を語る」一九七〇年一一、一二月号
「欲求不満とロック音楽」一九七一年春号
「シンポジウム　乳離れのできない君たちへ」一九七一年冬号

高石、岡林、中川の『フォークは未来をひらく』にも書いている牧師の村田拓
「民衆の心そのものの表現を」一九六九年一月号
「もっとも簡明なこと――歌は思想である」四月号
「われらの歌にラディカルなノンを!」一九六九年七・八月号
「フォークソングの根源的な創造の目的は」一九六九年一二月号

作曲家の林光
「ぼくたちからのあいさつ」一九六九年一一月号～一九七〇年四月号
「対談「歌・自由」」一九七〇年四月号

京都大学の野村修
「ブレヒトのソングについて」一九七〇年七月号

らが寄稿していた。

このような執筆者からわかるように、『フォーク・リポート』はポピュラーな音楽雑誌とは一線を画すフォークソングについての言説領域を構築しようとしていたと考えられるのである。つまり、この言説領域では知識人や大学教員も参加し、「フォーク」とは何か、それは社会とどのように結びつくのかというような議論の構築に寄与していたのである。そして、彼らの多くは必ずしも音楽の専門家ではなかったということも重要であろう。『フォーク・リポート』はその雑誌の内容に共感する読者を持ち、執筆者はそこに向けて彼らの論を展開していたのである。そして、中川五郎の小説がわいせつであると摘発されたことからも、音楽に限らず性の問題や文化に関する記事も掲載されていた。


『フォーク・リポート』には、一方では雑誌の中で、レコードや歌手に音楽文化における位置を与える言説が構築されていた。他方、この雑誌には、運動家や、詩人、牧師なども参加し、雑誌を運営していたのがインディペンデントなレコードレーベルであるという、ある種の「アマチュアリズム」も活かされていたと見ることも出来るだろう。これが「フォークソング」の一つの意味でもあった。

そして、創刊号の川村輝夫「フォークソング運動をすすめよう」、あるいは、池淵博之「フォーク・ソング運動の問題点」[69]という寄稿にもあるように、『フォーク・リポート』ではフォークソングの活動を「運動」として捉える流れが確認できる。これは、『新譜ジャーナル』とは異なる点である。また、ここでの「運動」とは、狭義にはフォー

69 「うたうたうた　フォークリポート」一九六九年五・六月号。

ク集会である「フォーク・キャンプ」であり、村田拓が書いているように「反戦集会」におけるうたとも関わるのである。[70] あるいは、中川五郎の回想[71]にもあるように「反戦集会」には高石友也が飛び入りで歌うということも行われていたのである。一九六九年一一月号の「特集 われわれのフォーク運動をどうすすめるか」においては、「ハンパク（反博）」や「フォーク・ゲリラ」と共にフォーク運動が捉えられている。『フォーク・リポート』は、その副題が「日本の新しいうたの創造とフォーク運動のための専門誌」と銘打っており、ここからもこの雑誌は、フォーク歌手や片桐らの関西を中心とした「フォーク運動」という領域を言説によって形作っていたと考えることができる。

【2】『フォーク・リポート』の読者

ここで、当時の『フォーク・リポート』の読者はどういう人たちであったのかについて見ておきたい。そのために参照するのが読者欄である。もちろん読者欄は読者のすべてが投稿したものではないが、その傾向は知ることができる。『フォーク・リポート』の六九年四月号から七三年春春号まで[72]の読者について、アンケート欄、「投稿窓」、「拝啓〇〇様」というフォークシンガーに宛てたメッセージ、「地下広場」というコーナーから調べた（資料参照）。『フォーク・リポート』の読者は、年齢や属性（記入してあるもののみ）などから、全体的には、中学生、高校生の

70 村田拓（一九六九）「民衆の心そのものの表現を」『うたうたうた フォーク・リポート』一九六九年一月号。
71 中川五郎「ぼくにとってうたとはなにか」
72 『日本ロック雑誌クロニクル』によると、『フォーク・リポート』に関しては、一九六九年一月から合併号などを挟み、七〇年から季刊になって七三年春まで刊行された。本書で分析するのは、一九六九年創刊号から「わいせつ事件」を挟んだ七三年春までである。

割合が多いことがわかる。それはまた、「中学生のフォークにおける地位」という投稿や（六九年七、八月号）、「中学生フーク連合からのお知らせ」という投稿（七〇年九月号）からも、どういう読者に向けて誌面が作られていたのかということも推測される。もちろん、投稿は中学生、高校生に限られるわけではなく、大学生や二〇代の投稿も見られる。投稿のなかで年齢の判別出来るところでは、三〇代以上の投稿はなかった。

そして、その投稿の内容も同時期の『新譜ジャーナル』に見られるような、当時流行していたアーティストを取り上げるのではなく、むしろマイナーなフォーク歌手のことや社会問題などについて議論していた。これが必ずしも当時の若者の平均的な像ではないかもしれないが、少なくともどういう意識を持った人たちが『フォーク・リポート』という雑誌に投稿、誌面に参加しながら言説の領域のなかに存在していたのかということは指摘できるだろう。事実として、次章で考察する、フォーク歌手の中川五郎が『フォーク・リポート』に掲載した小説がわいせつであるとして摘発されたのも、もともとは『フォーク・リポート』を読んでいた高校生のあいだで話題になっていたからということである。[73]

同じ時期の『新譜ジャーナル』[74]と比較してみても、トーンは必ずしも同じではない。その当時の『新譜ジャーナル』では「フォーク・グループ」を結成したいという投稿が見られるが、それはその後『フォーク・リポート』よりも『新譜ジャーナル』に特徴的なものとなっていく。また読者欄には、プロテスト・フォークに関心のある者

73　中川五郎（一九八二）『裁判長殿、愛って何?』晶文社、一五一ページ。
74　『新譜ジャーナル』の創刊は、一九六八年九月であるが、国会図書館に所蔵されているのは一九六九年一月号からである。創刊号からの一部が『新譜ジャーナル・ベストセレクション'70s』として復刊、収録されている。

ばかりではなく、フォークを通して友達と交流をしたいというものが見られる。[75] それでも、『新譜ジャーナル』には片桐ユズル、三橋一夫、中川五郎、早川義夫など、『フォーク・リポート』に書いている執筆者が関係している。たとえば、一九六九年一一月号では「プロテスト・ソング」が特集され、「現代のプロテスト・ソング」について三橋一夫が執筆している。またこの号には、新宿西口広場のフォーク・ゲリラに関する記事も掲載されている。

これまでの議論をもう一度確認しておくと、一連の動きの中でフォークソングが『限界芸術論』と重ね合わされながら鶴見の議論を応用することにより、「ひとびと（民衆）」や「フォーク」という言葉が浮かび上がってくる。そして、ポピュラー音楽言説の自律性と「ひとびと」の「うた」である「フォーク」による文化のある種の革新が目指されたのである。それはベトナム反戦運動において、フォークソングが歌われていたのが象徴的である。ポピュラー音楽は大衆文化として存在しているのだが、室や片桐のように鶴見の『限界芸術論』のフォークソングへの応用によって「ひとびと」「民衆」が注目されたのである。

『フォーク・リポート』に関しても、当時、フォークとロックは渾然となりながら、雑誌のレイアウトのなかに現れていた。むしろ、片桐、三橋、中村、小倉などの批評家は、フォークの持っていた社会性や批判性（ベトナム反戦運動）がロックにも受け継がれていたとの認識があった。それは、先に言及したように小倉が『フォーク・リポート』の第一号に寄せた「ニューロックに見出すもの」でドアーズなどのロックとフォークを比較しているところか

75　たとえば、「もっとG・Sの曲をふやしてください」（一九六九年一月号）「ビートルズの大ファンの方。文通しましょう」（一九六九年五月号）「フォークルに興味がある」（一五才男性）、「PPMスタイルのグループを作りませんか。」（一七才男性）（一九六九年九月号より）など。

らもうかがえる。

『フォーク・リポート』が発行されていた一九六九年から一九七三年ごろは、ポピュラー音楽の世界では、岡林や中川、高石らはいわゆるメジャーレコード会社からデビューしており、アメリカや日本でもベトナム反戦運動が起こり、ボブ・ディランはフォークギターをエレクトリックギターに持ち替えてライブやレコーディングをすでに行っていた。

しかし、片桐はロックとフォークソングについて「限界芸術」の視点から分類しており、ロックに関しては「限界芸術」という観点からはコマーシャリズムという認識を持っている。[76] それでもボブ・ディランやビートルズについては評価を行っており、ロックというものを低く評価している訳ではない。

その後、フォークソングは必ずしも「限界芸術」としてとらえられるものではなくなっていくのだが、前章で考察したように、「限界芸術」が「大衆芸術」に入り込むことによる大衆文化への分析は有用であろう。それは「限界芸術」というものから「大衆芸術」「大衆文化」という磁場をどのように捉えるのかということである。

次の章では、それをこれまでも言及してきたフォーク歌手である、中川五郎のライフ・ヒストリーをケーススタディとして考えていきたい。

76 「ロックは重いことばを運ぶ」『うたうたうた　フォーク・リポート』一九七〇年五月号。

第四章　「素人」の時代の表現者　中川五郎の軌跡

本章ではフォークシンガー、中川五郎氏（以下、敬称略）に行ったライフ・ヒストリーに関する聞き取りを中心に彼の活動を捉えていく。そして、中川が社会や「ひとびと」とどのように関わり、「非専門家」つまり「素人」から歌手、編集者、作家、という表現者になっていくのかという過程について考察する。

中川の経歴について述べておくと、高校生で歌手としてデビュー[1]、歌手を続けながら鶴見俊輔の勤めていた同志社大学に入学、その後、雑誌『フォーク・リポート』の編集者になり、その当時、ペンネームで発表した小説がわいせつということで裁判となる。それから、東京へ出て室憲二の紹介により雑誌『ＢＲＵＴＵＳ』の編集に携わり、音楽批評家としてテレビにも出演し、小説や翻訳も手がけている。一九七〇～八〇年代のカルチャーとも関わった中川は、鶴見と音楽文化を人的ネットワークでつなぐ人物の一人であり、鶴見は『フォークは未来をひらく』のカバーに文章を執筆し、中川がわいせつ事件で裁判になると被告人証人として証言していた。

1　中川のうたは「東京フォーク・ゲリラ」たちにも歌われている。『ベ平連のうた』にはＥＰレコード盤が付属していて、そこで「東京フォーク・ゲリラ」は中川が作曲した「うた」を歌っている。そして、そのように歌われる行為そのものがうたの空間を作り出し、「東京フォーク・ゲリラ」と中川を「うた」によって結びつけるものとして機能していたのである。（一九六九）『ベ平連のうた』芸術出版。

これから彼のライフ・ヒストリーをたどり、どのように「非専門家」である「素人」の高校生がフォークシンガーとなるのか、そして七〇年代からの文化とどのように関わったのか、その軌跡をケーススタディとしてプロセスに注目しながら考えていく。

ライフ・ヒストリーは、「個人の一生の記録、あるいは、個人の生活の過去から現在にいたる記録」であると定義される。[2] ライフ・ヒストリー研究においては、オーラル・ヒストリーや「伝記」「自叙伝」なども活用されている。[3] 歌手という表現者である中川については、いくつかのインタビューや自伝的な小説などが発表されており、中川の活動を伝える記事なども存在するので、本章ではそれらも補助的に活用している。インタビューは、二〇一一年七月に京都市内で行われた。本章では、このときのインタビューを使用している。その後、中川とは関西でコンサートが開かれたときに何度か面会し、インタビューの内容を補足している。

1　フォーク歌手の誕生　中川五郎の軌跡

【1】大学入学まで

中川は、プロフィールによると一九四九年に生まれる。オフィシャル・ホームページのプロフィールでは、「六〇

2　谷富夫（一九九六）「ライフ・ヒストリーとは何か」谷富夫編『ライフ・ヒストリーを学ぶ人のために』世界思想社。
3　L・L・ラングス、G・フランク（1981＝一九九三）『ライフヒストリー研究入門』米山俊直・小林多寿子訳、ミネルヴァ書房。

年代半ばからアメリカのフォークソングの影響を受けて、曲を作ったり歌ったりし始め、六八年に「受験生のブルース」や「主婦のブルース」を発表。」[4]とあるが、インタビューによると、彼が音楽に目覚めたのが小学生のころであった。

中川　まぁあの、音楽自体には小学生の頃からすごく興味がありまして、それで、まぁ最初はそういう流行歌といいますか、外国のヒット曲とかが好きだったんですけども、中学ぐらいになって、カントリー&ウェスタンというアメリカの、カントリーの音楽が好きになって、でそういうのをハンク・ウィリアムスとか、そういうのとか、熱心に聴いていたんですけど。そのまぁ、カントリー自体も、いろんな民謡を歌ったりとか……（略）そのもとになってるフォークソングとか、あるいは伝統的な曲を、まぁ歌うことが多かったりして。それでまぁ興味もそこから、あの、ブルーグラスっていう……まぁオールドタイムな音楽とか、フォークソングに移っていって。でちょうど僕が中学生の頃に、キングストントリオとかブラザースフォアとかピーター・ポール&マリーとかいった、いわゆるフォークソングのコーラスグループがものすごく人気になりまして、ブームになって、で、僕もそういうのをすごく聴くようになって、でまぁ中学から高校になる頃に、そういうフォークソングをなんか日本語でやってみたいなぁ、なんていうことで。

インタビューにもあるように、中川は中学生の頃からカントリー&ウエスタンのようなアメリカの音楽を聴いていた。それが中学から高校に入る頃になるとフォークソングに関心が移って行く。中川が音楽を通してアメリカの

4　中川五郎ウェブサイト。http://www. goronakagawa. com/profile. html（最終閲覧日二〇一七年六月五日）

文化を吸収して行く関心の持ち方は、フォークソングから社会問題にも広がって行くのである。

中川は、大阪府立寝屋川高校在学中にフォーク歌手としてデビューするのだが、そのきっかけは彼が高校二年生であった六七年の初めに、ラジオ関西という神戸のラジオ放送局の番組のなかで高石友也の歌を聴いたことに始まる。そのときに、高石はピート・シーガーの曲を日本語に訳して歌っていた。中川は次のように述べる。

この人（ピート・シーガー）を知ることによって、ぼくの音楽観は大きく変わったし、人生までも変えられてしまったと言ってもいいでしょう。そして『フォーク・ソング』の意味も、ただの民謡というのではなく、生活をうたったもの、ものごとの本質をうたったもの、ぼくたちが生きている今現在を、今の世界を見つめてうたったもの、それに問題をぶつけたり、メッセージを投げかけたりしているものといったように変化して来ました。[5]

当時東京において歌われていたのは、英語の歌詞をそのまま歌うか、職業作家の歌を歌うというキャンパス・フォークが全盛であった。中川は、自分がピート・シーガーの曲に日本語の歌詞をつけて歌っているのに似ていたので高石に親近感を持ったということである。

5　中川五郎（一九七六）「意見陳述」フォークリポートわいせつ裁判を調査する会編『フォークリポートわいせつ事件　珍巻』プレイガイドジャーナル社、三八ページ。（）内は引用者の補足。以下同じ。

【2】ベトナム反戦運動

中川は音楽と交わるところで、ベトナム反戦運動に高校生の時から関わっていた。

中川　僕の場合はそうだったですけども、当時のいろんな動きを見ていると、例えばフォークソングがこう、広まり始めたんですけど、それと社会的な運動と結びつけて、やろうとしたり、やってる人っていうのは、すごく少数派っていうか、メインのひとはやっぱりそういうフォークのスタイルとか、コーラスとかそういうのを楽しむっていうのは主流なんですよね。

中川　東京中心にやる人たちっていうのは、特にそういう社会的な、動きと結びつくとか、戦争反対のメッセージを歌うというよりは、なんか自分たちが楽しんで歌うっていうのが主流で。で、東京のフォークをやっている人たちは最初みんな英語で歌っていたんですけども、それをもう日本語でオリジナルとか作り始めたときに、あの東京の場合は、その、歌ってるひとが自分たちで曲を作ったのではなくて、いわゆる専門的な、プロの作詞家から作曲家なりが曲を作って、それを歌う人に提供するっていう、そういう形だったので。

中川　ただ、だから、関西で、あのそういうフォークの動きが始まったときに、そういうじゃあ誰か先生に頼んで曲をもらうっていうんではなくて、自分で作るっていう、そういう動きが始まったというか、みんながそういうことをやろうとしたので。だから、もしそのシンガーソングライターっていう、そういう形での、ミュージシャン、あるいは表現者が生まれてきたのは、やはりそういう、関西でフォークを歌うひとが、まぁスタートかなぁっていう気はしますね。だからまぁ、あの、人物で言えば高石友也さんとかがやり始めたのが。

フォークソング運動としての関西フォークの歴史を考えるときに、高石友也の存在が大きいというのは、片桐ユズルも指摘していたことであるが、中川が高石と知り合うきっかけとなったべ平連を知ったのは高校生のときであった。中川は『べ平連ニュース』にも投稿をしていた。それを『べ平連ニュース』から確認すると、一九六七年四月一日号、一九六七年六月一日号、一九六七年一一月一日号、一九六八年一月一日号、一九六八年二月一日号のいずれも「読者からのたより」の投稿である。

――中川さんはその当時は、高校生で、高石さんとコンサートで知り合ったのですか？

中川　はい。あの、高石さんも、たぶんねぇ、一九六六年くらいに大阪に、こう、流れて来られたんですよね。でまぁ、まだ大学に籍はあったけれども、いろんな仕事を転々として、で、大阪に来て、なんかまぁ、いろんなアルバイトというかいろんなことをしながら歌い始めていて、で多分、高石さんの名前がいろんなひとのなかで知れるようになったのは、六六年の後半ぐらいだと思うんですけど。で僕はたぶん、六七年の始めに高校二年生のときに、ラジオ関西という神戸の放送局で、高石ともやさんが歌ってるっていうか、彼が出演して、歌ってたんですけども、その時高石さんが歌ってた歌が、その、ピート・シーガーの歌を日本語に訳して歌われてたんですね。で僕もまさに同じことをピート・シーガーのレコードを聴いて、日本語に自分なりに訳して歌っていた。それとまったく同じ歌を高石さんが、取り上げて歌っていて、しかもそれはすごくよかったので、でまぁびっくりして。で、ああ同じことをやろうとしてる人がいるっていうか。

もう一度確認しておけば、中川は六七年の始めに、ラジオ関西の番組のなかで高石友也の歌を聴いた。当時、東京においてはピーター・ポール＆マリーやキャンパス・フォーク、カレッジ・フォークが全盛であったが、[6]高石はピート・シーガーの曲を日本語に訳して歌っていて、中川はそのときに自分も同じようなことをやっているということで親近感を持ったということであった。

そして、六七年の三月頃に「ベ平連」の集会に小田実が講演するということで出かけていった。そこで高石と知り合うのである。中川は、一九六九年の論考「ぼくにとってフォークとはなにか」においても、高石が「こんどYMCAで小さなフォークの会があるから、うたいにおいでとかれはいっていくれた」[7]と書いている。

そしてその頃、中川は受験勉強に抗議する歌を作る。それが「受験生ブルース」である。

ぼくはこの唄で、思いきり受験ということの馬鹿げた面を皮肉り、いかに受験ということだけにほんろうされるのがあさましいことか、それを浮き彫りにしようと思ったのです。[8]

6　前田祥丈・平原康司（一九九三）『60年代フォークの時代』シンコーミュージック、第二章、四五ページなど。
7　中川五郎「ぼくにとってうたとはなにか」、一八一ページ。
8　中川五郎「意見陳述」、四一ページ。

中川の「受験生ブルース」は、もともとは「替え歌」であった。そしてこれは、関西フォークの特徴の一つでもあった。このような「替え歌」によってうたを歌うということの意味は、第二章で言及したように、片桐ユズルが「替歌こそ本質なのだ」において、それをフォークソングの特徴として描いていたものである。[9] 片桐は、鶴見の「限界芸術」をフォークソングの定義に使いながら彼の議論を展開していた。[10]

――高三になって『受験生ブルース』がヒットするんですよね？　それは高石さんの……

中川　高三になって、だからその高石さんと知り合ったことによって、わりといろいろと僕が歌いに行けるようになって。で、やはりその一九六七年の春ぐらいから、関西フォークがすごく広がりはじめるっていうか、まぁいろんな歌い手も登場してきたりとか集会も増えたりして。でまぁ、ちょっとしたこう、ブームみたいになっていくんですけど。で、その年の夏休みに僕はボブ・ディランの『ノース・カントリー・ブルース』という曲の替え歌で『受験生ブルース』っていうのを作って、でまぁ、歌ってて、それでやっぱりおもしろがってくれて、あの、歌うとウケたんですよね。ウケたっていうかみんな笑ったりしてくれて。で、六七年の一一月ぐらいにフォーク・クルセダーズの『帰って来たヨッパライ』っていうのが、まぁラジオ関西でやっぱり紹介されたのがきっかけだったと思うんですけども、すごくそれが話題になって。で、六七年の終わ

9　片桐ユズル「替歌こそ本質なのだ」
10　筆者のインタビューよると、中川は高校生時代に片桐に手紙を出してから交流していた。

りに、その『帰って来たヨッパライ』のシングル盤が発売されると、大ヒットになって。

中川も述べているように、一九六七年一一月にザ・フォーク・クルセダーズが歌った『帰って来たヨッパライ』がラジオを通じてヒットする。ザ・フォーク・クルセダーズは、加藤和彦、北山修、平沼義男、芦田雅善によって結成され、芦田、平沼が脱退した後にはしだのりひこが加入した。[11]『帰って来たヨッパライ』のヒットにより彼らは全国に知られるようになった。桜井哲夫によると、ザ・フォーク・クルセダーズの『帰って来たヨッパライ』は公称二八五万枚売れ、シングル発売から一〇ヶ月で『スター千一夜』に五回出演したということである。[12]彼らは大島渚監督で『帰って来たヨッパライ』というタイトルの映画にも主演している。加藤和彦はインタビューにおいて、ザ・フォーク・クルセダーズは、最初『メンズクラブ』にメンバー募集を出して結成されたと述べている。[13]

中川　それ（『帰って来たヨッパライ』）は東芝から出たんです。で、その、まぁ僕はフォークル（ザ・フォーク・クルセダーズ）のその、『帰って来たヨッパライ』の大ヒットによって、それまで関西だけで、こう、人気のあったいわゆる関西フォークみたいなのが、全国区っていうか日本中に広まったなーっていう、あのそういう、位置付けを僕なりにしてるんですけど。で、六八年に入って、まぁ、『帰って来たヨッパライ』が大ヒットして関西フォークにも注目が集まって、いろんなコンサートも盛んに行われるようになって、でまぁ、

11　桜井哲夫『思想としての60年代』、一三二–一三三ページ。
12　同前、一三四ページ。
13　加藤和彦（二〇一三）『エゴ～加藤和彦、加藤和彦を語る』スペースシャワーネットワーク、三七–三八ページ。

『帰って来たヨッパライ』に続く、何か曲が出そうっていうふうな動きがあって。でその時に『受験生ブルース』がまぁ、みんなおもしろがって聴いてるからってことで、でもう、それはボブ・ディランの歌の替え歌なのでそれをそのままレコードに出すのは問題があるし、でまぁものすごく暗いマイナーなメロディだったんで、それもちょっと問題があるっていうことで、で曲を付け替えて出そうっていうことになって。で、僕にも違う曲を付けたらっていう話が来たんですけど、あんまりなんかそれにあの意欲的というか積極的になんか曲替えるっていう気持ちがなかったんですけど。

第二章でも述べたが、ザ・フォーク・クルセダーズの音楽著作権を管理するために設立されたのが「アート音楽出版」であった。この会社は、中川も関わることになる『うたうたうた　フォーク・リポート』を発行していた。ところで、鶴見はカナダ・マギル大学での講演『戦後日本の大衆文化史』[14]において、ザ・フォーク・クルセダーズの『帰って来たヨッパライ』を取り上げている。そこでは、鶴見の「流行歌の歴史」における「替え歌」ではないのだが、アメリカ占領による接触から洋風の暮らしが日本に入ってくることによるテンポの変化のなかで『帰って来たヨッパライ』を結びつけて論じている。[15]これは、フォークソングが洋楽を好んで替え歌にしていた時代の流れとも連動している。

中川　で、僕はまぁ、とくに曲を付け替えるっていうことをしなかったら、高石さんがいつのまにか新しい曲

14　鶴見俊輔（一九八四）『戦後日本の大衆文化史』岩波書店、「六〇年代以降のはやり歌について」

15　同前、一六〇‐一六一ページ。

を付けられて、でまぁそれでレコードもそれで吹き込んで、で僕はまだ、高校生だったんで、まぁ活動もできないっていうことで、でまぁ高石さんが歌って。で、六八年の二月にビクターからそれは出たんですけども。

中川　（『受験生ブルース』が）ヒットして、だからまぁ、『帰って来たヨッパライ』があってそれに続いて『受験生ブルース』が出てどちらもまぁヒットして、それがすごく関西フォークを広げる上で大きい役割を果たしたんじゃないかなって思いますね。

ところで、加藤和彦はインタビューにおいて、ザ・フォーク・クルセダーズを結成した当時の自身の音楽性について語っている。そこでは次のように答えている。

自分たちはフォークをやっているけど聴くものは全然違う。それこそあの頃はアート・ロックっていう感じでね。いっぱいあるよね。クリームとかレッド・ツェッペリンの最初とか。ビートルズの『リボルバー』もそうだけど『サージェント・ペパーズ・ロンリー・ハーツ・クラブ・バンド』とか、そこらへんを聴いてたわけ。[16]

確かに、北山修はきたやまおさむ名義で『ビートルズ』（講談社現代新書）という本を出版していて、『フォーク・リポート』には草思社の『ビートルズ』の広告が載せられていた。このように高石事務所には、様々な音楽性を持っ

16　加藤和彦『エゴ』三八 - 八九ページ。

た人々によるフォークソングのグループや歌手が集っていた。

【3】同志社大学

中川は高校生のころからベ平連の運動に関心を持ち、集会にも出ている。そして、そこで鶴見俊輔という存在を知るのであった。

―― では、その同志社を選択されたところで、ここでもうひとつの鶴見俊輔さんについて、そのあたりのところはいかがでしょう?

中川 だから、僕、その、高二ぐらいからベ平連にすごく共感をしていて、で、やはり高校の頃、小田実さんとか、鶴見俊輔さんとか、そのベ平連関係のいろんな方の本を愛読していて、でやはり鶴見さんの『限界芸術論』とかそういうのが、興味があって、でまぁ僕自身、大学行く時に、あの、歌もすでに歌ってたんですけど、何か自分の目指す職業みたいな意識として、ジャーナリストになりたいっていう気持ちがすごくあったんです、そのときは。で、なんかジャーナリズムの勉強を大学でしたいっていうふうに思っていて。

インタビューにもあるように、中川は鶴見と小田の本を読んでいた。これが実質的な鶴見俊輔を知るきっかけであろうと考えられる。そして、鶴見が教授として教えていた同志社大学文学部新聞学専攻を受験することになる。

中川　（同志社大学に）新聞学科があるのを知って、でそこのまぁ、中心になって教えられているのが鶴見俊輔さんだっていうことで、でまぁ、行くならここに入りたいなっていうことで、でまぁ第一志望で、同志社の、あの社会学科の新聞学専攻で、受けたんですけど。でなんかまぁ、うまいこと、合格してしまい。で、まぁ大学に入ったときがもうやはり『受験生ブルース』が大ヒットして、でもう、すっごくいろんなとこで歌いに行けるようになって、でまぁ、大学入って四月の授業とかっていうのは、もう一般教養みたいな、全然おもしろくない、大教室での授業で、それは歌いに行く方が全然おもしろかったんで、で結局入ってすぐに大学に全然行かなかったので、もう溶け込めなくなってしまって、……

――鶴見さんとは、大学ではお会いできずだったんですか？　大学時代は。

中川　はい。それでもうすぐに鶴見さんやめられちゃったんで。

――そうですね。七〇年にやめられますよね。

中川　で僕らの頃はそういうジャーナリズムの中心は山本明さんっていう先生が中心になられていて、で僕はまぁ、授業は全然出なかったんですけども新聞学研究会みたいなのがあって、でそういう人たちとは仲良くなったというか良く会ったりはしていたんですけど。

しかし、鶴見は中川の発表した小説がわいせつであるとの裁判で証言台に立ったときに、中川のことは耳に入っており入学時に会ったことがあると述べている。[17]

私は、〈同志社大学〉文学部　社会学科新文学専攻のコースというところの教授だったわけで、その新文学専攻のコースに中川五郎氏は入学してきました。その前にすでにフォークシンガーとしては、名前の通った人なので、彼がはいったということは、我々のスタッフの耳に入ったわけです。で、はいった当時、私は会ったことはあります。しかし、あまり、学業には熱心なほうではありませんので、その学問のほうで、それほど接触したかという学問的な関係というものはないと思います。[18]

その後、鶴見は中川が高石友也、岡林信康と共に著した『フォークは未来をひらく』のカバーに文章を寄せているのであった。『フォークは未来をひらく』は本というメディアになることで、出版社、中川、高石、岡林、そして鶴見を結びつけて「フォーク」という音楽が言説として浮かび上がってくるのである。

【4】フォークソングと替え歌

17　これは、新聞学専攻に入学当時に、鶴見がおそらくオリエンテーションのような場で中川と会ったのではないかと推測される。

18　鶴見俊輔（一九七六b）「証言記録」『フォークリポートわいせつ事件　満巻』プレイガイドジャーナル社、五四ページ。

中川は、高石友也、岡林信康とともに一九六九年に『フォークは未来をひらく』[19]を社会新報から出版した。これは当時、高石、中川、岡林がそれぞれ大学に在学中に出版されたものである。この本のまえがきを書いている、村田拓のいた大阪市の新森小路教会はフォークスクールが行われていた場所であった。

この本の中で、中川はフォークソングのブームが「自分でうたをつくる」という良い結果を生みだしたが、「自分でつくりながら自分のことばをつかわず」[20]借り物の幼稚なうたを歌っていると批判している。[21]

そして、自身の音楽に対する考えを次のように述べている。

どうして自分のことばを使ってつくらないのだろうか？フォークの意味を誤解したものたちには、ぬすむことさえできなかった。／原因のひとつに、最初から詞も書き、曲もつくろうという。ピュア・オリジナルのことばかり考えすぎたということがあげられるかも知れない。そんなに欲張らなくても、最初はいろいろなものからぬすんだらいいのだ。[22]

つまり中川は、フォークソングのブームが「自分でうたをつくる」という良い結果を生みだしたが、「自分でつ

19　高石友也、岡林信康、中川五郎（一九六九）『フォークは未来をひらく』社会新報社
20　中川五郎「ぼくにとってうたとはなにか」『フォークは未来を開く』、一六八ページ。
21　同前、一六八ページ。
22　同前、一六九ページ。

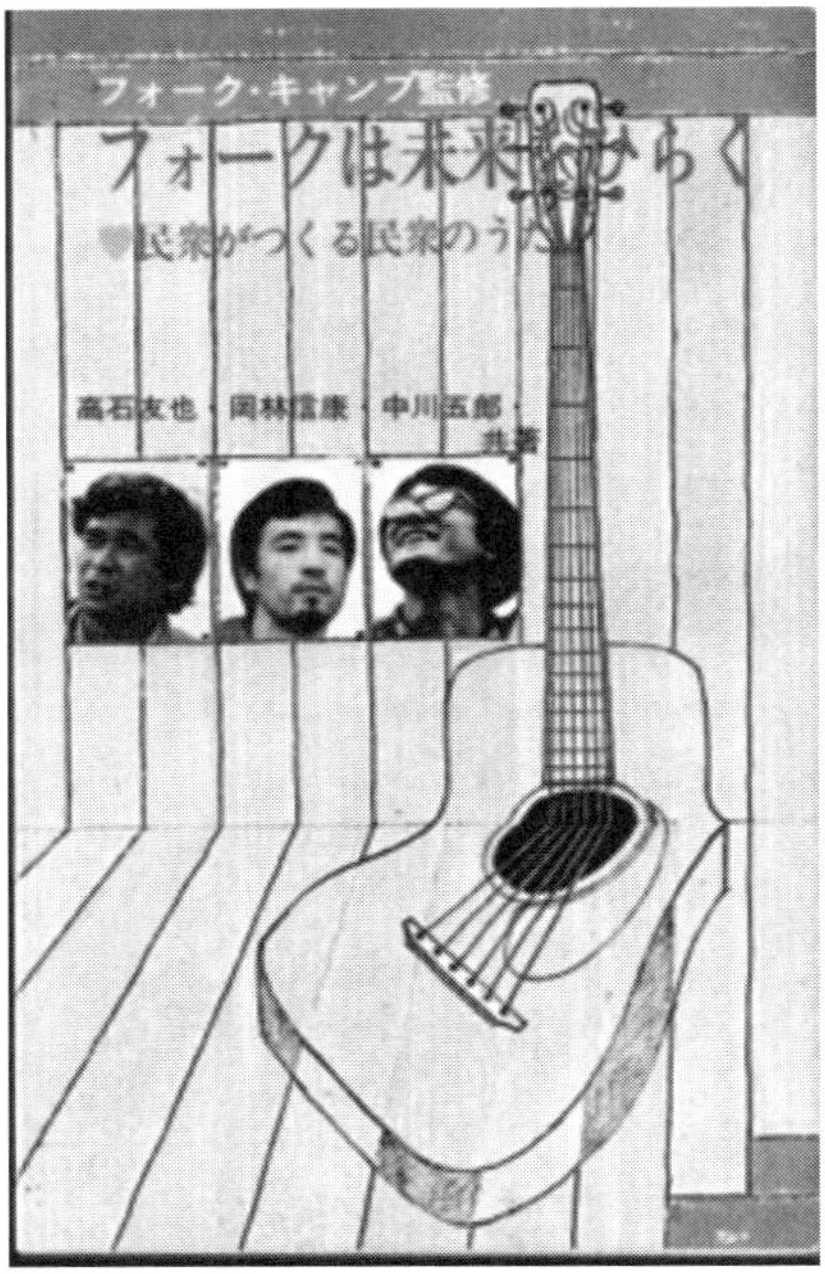

高石友也・岡林信康・中川五郎『フォークは未来をひらく』社会新報

くりながら自分のことばをつかわず」[23]借り物の幼稚なうたを歌っていると『フォークは未来をひらく』のなかで批判していたのである。[24]そして自身の音楽に対しては、「ピュア・オリジナル」でなくてもいいと考えを述べている。[25]中川の「受験生ブルース」は、もともとは替え歌でありフォークソングを特徴づけるものの一つであった。

中川は、一九六七年一〇月にピート・シーガーの来日コンサートに行った。

これは、泥沼状態になってどうしょうもなくなったベトナム戦争での、アメリカを痛烈に皮肉ったうただが、これをきいてぼくは絶対にうたわねばならないと、その日のうちに訳詩をつくり練習し、二週間後十月二十五日の第一回フォーク・キャンプ・コンサートで『腰まで泥まみれ』をうたった。[26]

23 同前、一六八ページ。
24 同前、一六八ページ。
25 同前、一六九ページ。
26 同前、一八二―一八三ページ。

このコンサートで中川は『腰まで泥まみれ』を聴き、大きな影響を受けたという。[27] ここで、中川は「うた」をそのまま歌うのではなく「訳詞」を作っているのである。これは、フォークソングのローカル化の側面の一つであり、みんなで歌えるというフォークの持つ機能でもあったのである。

――中川さんはずっと、『腰まで泥まみれ』のような、反戦のうたを歌われてたんですが、もうひとつお聞きしたいのは替え歌の問題です。それは、最初に『受験生ブルース』を歌われたときの替え歌は、片桐ユズルさんが書いているような、理論的な部分っていうのは、意識はされてなかったんですか。

中川　いや、特に、その替え歌の……意義とか、効用とか、そういうことよりはただ、あの身近に歌えるメロディがあって、で、その言葉をちょっと替えることによって違う曲が作れるっていう、そういう便利さっていうか、まぁある意味、簡単に曲が作れるおもしろさみたいなのに僕は魅力を感じて。まぁ『受験生ブルース』とかの場合はそうですけど、あともうひとつ替え歌でおもしろいのは、やはりみんなが知ってるメロディなり、みんなが知ってる童謡みたいな歌のちょっと言葉を替えるだけで、ものすごいそれがギャグになったり、あの、皮肉になったりユーモアが伝わったりできる……なんかそういうおもしろさっていうのが替え歌にはあるなぁって思って。で特に、当時よく童謡とかをね替え歌にして歌ったりとか、そういうことは

27　同前、一八二ページ。

してましたけどね。

そして、「うた」の持つ意味が社会とどうつながっているのかについては、次のように答えている。

中川　そうですね。僕の場合、特にやっぱり、歌そのものが社会のなかで存在しているというか、自分の暮らしのなかっていうか、なんか、そういう位置付けで歌を作って歌おうとしていたので、やはりそういうなかの自分ということは意識して作ってたし歌っていたと思うんですけど。で、まぁフォークが七〇年代に入って、まぁニューミュージックと呼ばれるようなちょっと違うものに変化していったときに、やはり六〇年代のフォークと比べるとそういう社会とのつながりみたいなものがかなり抜け落ちて、とにかくまぁ、自分の小さい世界みたいなのをみんな歌うようになっていったかなぁって気がするんですけどね。

関西フォークソング運動の時期に作られた「うた」は、社会性の強いものが多い。たとえば、岡林信康がＵＲＣでデビューして作られた「うた」にもそういう傾向が強い。岡林の作った『チューリップのアップリケ』やいくつかの「うた」は、いわゆる放送禁止歌となっている。当時アイドル的な存在でもあった、ザ・フォーク・クルセダーズの『イムジン河』も放送禁止歌とされていた。[28]

そして、中川の「うた」もメッセージ性の強いものが多いのである。ここで関係するものが、ベトナム反戦運動である。先ほども言及したように、中川は高校生のときに『ベ平連ニュース』にも投稿をしていたし、そしてその

28　森達也（二〇〇三）『放送禁止歌』知恵の森文庫（二〇〇〇年の原著に加筆修正されたもの）。

後も中川は社会文化会館ホールで一九六九年一月一一日に行われた「六九反戦フォークと討論の集い」にも片桐とともに参加している。その告知とコンサート評は『べ平連ニュース』に掲載されている。

そして、このコンサート評を書いている三橋一夫は、「若い人たちが『歌』をうた」って自分で作っていることに驚きを隠していない。つまり、フォークの「うた」とはまずは「みんな」によって歌われ、自作自演されることが重要であるということである。[29] 一方、この集会に関わった高野光世は「デモや集会の人集め利用されている感のある現在、フォークそれ自体の持つ意味は、誰が。どこで追求するのか。」と書き、フォークが流行歌というよりも反戦運動のなかで成長していくという指摘をしている。[30] 例えば、小田実が編集発行を行っていた『週刊アンポ』においても奥の扉にはうたと楽譜が載っていて、そこにも中川の曲が掲載されていた。[31]

鶴見が、「べ平連」を小田らとともに立ち上げて活動を行っていたのはこれまで言及したとおりである。[32] そして「べ平連」の活動から、アメリカ文化が日本に身近にあるということが想像のみではなかったということが、彼らの活動にリアリティを与えたのだと思われる。それは、『べ平連ニュース』や『週刊アンポ』という言説のなかにも現れている。それが、フォークシンガーたちが日本の問題に向き合うときにも活用されているのだろう。

---

29 『べ平連ニュース』一九六九年二月一日号、三橋一夫「新しいフォークソングの可能性」。

30 『べ平連ニュース』一九六九年二月一日号、「六九反戦フォークと討論の集い」から」。しかし、フォークは流行歌として大衆に受容されていくのがその後の歴史の流れである。

31 『週刊アンポ』一九七〇年三・二三号「一〇月二一日の夜に」、一九七〇年四・二〇日号「終る」（詞は山内清、曲が中川五郎）の楽譜と歌詞が掲載されている。

32 もちろん、鶴見は「べ平連」の活動を続けながら、一九七〇年までは同志社大学教授であった。

しかし、反戦フォークやメッセージ性の強い「うた」は次第に歌われなくなっていく。それは、中川も述べているように七〇年代のニューミュージックの台頭による音楽や歌詞の変化もあるだろう。それでも次に見るように、フォークは「素人」でも出来るという、いわゆるパンクの「ＤＩＹ」思想以前にそれを実践していたと考えることも出来るだろう。

【5】「素人」としてのフォークシンガー、わいせつ裁判

歌手としての中川五郎の位置付けに関して、例えば、片桐ユズルは『限界芸術論』を応用しながらフォークについて述べていたが、そこでは素人が歌うというのがフォークの理念のようなものであるということであった。では、その時に中川は自分がミュージシャンとしてどういう位置を取っていたのか。

中川　あの、まぁよくプロとアマっていう言い方を当時もされていて、その定義自体もすごく変なんですけども。で要するに歌ってお金をかせいでいる人はプロだろうとかいう言い方があって、僕は、あんまりプロとアマチュアにこだわるのは好きじゃないしあんまり興味ないんですけど、その素人という意味で言えば、僕はあの、自分がすごく歌う音楽的才能があったりとか、歌がうまいとか、そういうことが全然ないので。それは自分の、まぁ特徴って言ったらおかしいですけども、そういう人が人前で歌を自分で作って歌えるんだっていうところがものすごくあの、意義があることだと思ってたんです。

――フォークの時からそれが可能になったという……

中川　そうですね。だから、それまでは、やはり、フォークが登場してくる前まではやはり音楽っていうのは専門家のもので、才能があったり歌がうまかったり、演奏が上手であったり、技術があったりという、そういう一部の非常に才能にめぐまれた人たちが独占していたのを、まぁすごく乱暴に言えばフォークの出現によって、下手な人でも普通の人でもそういう人が好きに、自分の好きなように好きなことを歌えるっていうのは出てきて、僕はそれこそがフォークだと思ったし、自分自身はまさにそのフォークを実践している、そういう歌い手だと思ったし、そういうのであり続けてるわけですけど。

では、中川が音楽活動を行っていたURCというレーベルの持つ意義はどうなのだろうか。URCは日本初のインディー・レーベルとも言われており、秦政明によって始められた。秦は、高石友也のマネージメント事務所を始めてから、URCとしてレコードを発売するようになる。これは、インディペンデントというメジャーとは異なる形態（初期のURCは会員に向けてレコードを頒布していた）であり、所属しているフォークソング歌手の表現も自由なものであったため、いくつかの曲は放送禁止になっている。[33]

URCでは、岡林信康、高石友也、中川五郎などのレコードや、片桐ユズルが参加した『ほんやら洞の詩人たち』のような詩の朗読も発売されていた。

33　黒沢進『資料　日本ポピュラー史研究　初期フォークレーベル編』、篠原章『日本ロック雑誌クロニクル』、『レコード・コレクターズ』二〇〇三年四月号（特集URC）などを参照した。

中川　会員に頒布するっていう形で始まったんですけど、それは。でも、二回か三回でもう終わっちゃって、もう市販するようになって、それはまぁ、あの会員……限られた会員だけでなくて、もっと多くの人が、あの求めたということで、そういう方針を転換してそれはいいことだったかもしれないんですけど。うーん、でも、当初の会員に配るっていうのは続かなかったんですよね。

では、当時のURCのレコードを聴いていたのはどういう人たちだったのか。

中川　フォークが大好きっていうか、そういう広まり始めた関西フォークが好きで熱心に聴いている人たちが、中心だったので。で、やはりかなり僕は、年齢層は若かったんじゃないかなと思うんですよね。中学……当時の中学生とか高校生とか、そういう人たちが、あの、よく聴いてたんじゃないかなと思うんですけど。

中川が述べていることは、前章での『フォーク・リポート』の読者欄から大学生よりも中学生、高校生が多く投稿していたこととも符合する。中川が小説「ふたりのラブジュース」を『フォーク・リポート』に発表して裁判となるきっかけも、高校生がその雑誌を読んでいたからであった。

ところで、中川は『フォーク・リポート』に発表した論文がわいせつであるとして検挙され裁判になるが、中川の裁判の支援や鶴見が証言台に立つことになるのは「一九七一年五月三〇日」[34]に誕生した「ほんやら洞」という場

34　片桐ユズル・中村哲・中山容編『ほんやら洞の詩人たち』晶文社の目次の次のページ（ページ番号が記されていない）より。

所における人的なネットワークであった。

中川　一番この裁判で応援団というか、あの一番関わってくれたのは中尾ハジメさんなんですね。あの片桐ユズルさんの弟さんで。

鶴見は、中尾ハジメとの関わりから中川の裁判の証言に立った。その証言台において、鶴見は次のように述べている。

普通人というのはいくつものタイプの普通人があるわけで、ここで、普通人の概念というものは一つに追込まないということが、たいへんに大切な要素ではないかということを考えますけど（略）[35]

というように鶴見は「普通人」という概念の多様性から中川を擁護した。ここからわかることは、鶴見は「普通人」

35　鶴見俊輔「証言記録」、四六ページ。また、鶴見は『フォークは未来をひらく』のカバーに推薦の文を載せている。それは、「われわれの生き方へのチャレンジ」と題され、「信頼できる人間がここにいると私はこの本を読んで感じた。」と述べられている。鶴見はここで、高石、岡林、中川の歌は、つくられた歌ではなく「自分の道をきりひらき、自分で感じ、自分の歌をうたう」（鶴見俊輔（一九六九c）「われわれの生き方のチャレンジ」高石友也、岡林信康、中川五郎『フォークは未来をひらく』社会新報、のカバー）と書き、それが「われわれの生き方にたいするチャレンジになる。」とフォークソングの持つ一つの側面である自作自演を指摘している。そして中川も、鶴見が指摘したようなフォークソングには「自分の歌をうたう」つまり自作自演するという側面があるのに、フォーク・ブームのことばは借り物であるということが問題であると述べていた。このような「替え歌」にしてでも自分の歌をうたうことという、うたの可能性についても両者は近いところにいると思われる。ここには、この当時のフォークによる「うた」をめぐる思考の共通するテーマが見て取れるだろう。

を抽象化するのではなく、むしろ具体的な情況において流動する存在として捉えているのである。

中川のインタビューから、中尾ハジメが関わって鶴見に証言台に立つようにお願いしたとのことであったが、このように中川と鶴見は大学時代からいくつかの関わりをネットワークのなかで持っていたのである。

【6】中川五郎、フォークソングと「限界芸術論」

ここでは、中川五郎の表現活動を鶴見の「限界芸術論」を参照しながら考察する。中川と『限界芸術論』については、彼が大学入学前に鶴見の『限界芸術論』（勁草書房版）を読んでいたと、これまでのライフ・ヒストリーインタビューにおいて語られていた。[36] また中川と共に『かわら版』を編集し、中川について評論を書き、中川が『フォーク・リポート』掲載の小説で裁判となったときにも支援活動を行っていた片桐ユズルには、鶴見の議論からの引用が見られる。もちろん、中川の行動は「限界芸術論」をなぞっているわけではないのだが、そこでいわれる「非専門家（素人、アマチュア）」とその表現の位相は、フォークソングの特徴の一つとして挙げられていて、彼の表現活動の中で実践されながら軌跡を描いていると考えられるのである。「限界芸術論」はこのような活動を捉えるための視座を与えてくれるのである。

片桐は、「フォークソングのめざすもの」においてフォークソングを「人民の、人民による、人民のための歌」

36　中川は、鶴見が教授を務める同志社大学文学部社会学科新聞学専攻に入学しているが、この辺りのことは、これまで中川五郎に関するインタビューなどでは語られてこなかった事実の資料となるものであろうと思われる。

と定義する。[37] そして、柳田の民謡論から「替え歌」を語り[38]中川五郎を「プロテスト・ソング研究家と称し」[39]と紹介し、六七年春頃から関西フォーク運動の空間に現れたと述べる。[40] また、フォークソングを「専門家によらないで、自分たちでつくり、自分たちで演奏する」[41]ところにその特徴を見ている。この「専門家によらないで、自分たちでつくり、自分たちで演奏する」というところが、鶴見の『限界芸術論』から援用されたものである。[42]

そして、このようなフォークソングを歌手として実践していたのが中川であった。では、中川のうたの実践とはどういうものであるのか。

中川が自身の活動のなかで実践していたものは、「非専門家」つまり「素人」による「非専門家」のための「限界芸術」であるフォークソングであったと考えられる。もう一つが、片桐がフォークソング論として中川を言説に位置付けた「替え歌」である。

中川のうたを考える上で、反戦フォークにおけるメッセージソングという側面がある。それは、中川がその直接的な影響を述べている、ピート・シーガーの「うた」との関わりというのがある。そして、これが「非専門家」に

37 片桐ユズル『うたとのであい』(「フォークソングのめざすもの」)、二八ページ。
38 同前、三一ページ。
39 片桐ユズル『うたとのであい』(「フォークキャンプ運動」)、四七ページ。
40 片桐ユズル『うたとのであい』(「うたのことば」)、八九ページ。
41 片桐ユズル『うたとのであい』(「あたらなくても射とう」)、一〇一ページ。
42 片桐ユズル『うたとのであい』(「美における他力門」)、一四四ページ。あるいは評論家の広瀬勝も、フォークソング運動における「替え歌」の契機について、鶴見の「流行歌の歴史」を引用しながら、その特徴について述べていたのである。広瀬勝(一九六九)「替え歌を楽しもう」室謙二編『時代はかわる』社会新報、七三ページ。

向けてうたうということと関連している。
片桐は、フォークソングを「限界芸術論」と結びつけながらそれに意味を与えている。
フォークとはふつうのひと、つまり非専門家で歌では食わないべきだ。[43]
つまり、
この「非専門家」とは鶴見の「限界芸術」の定義のなかにあるものである。
また中川は、『フォークは未来をひらく』の中でフォークソングを位置付けている。
いままで、うたというものは、一方的にそのプロフェッショナルが作り、マス・コミを通じてそれを受けてばかりいたものだが、それが変わってきた。[44]
そしてここから、シーガーについても言及されている。中川の「腰まで泥まみれ」はシーガーの詩と曲を訳し編曲したものである。メロディは同じように歌われているが、ギターのアレンジも訳詞も異なるものになっている。

It was back in nineteen forty-two.

43 片桐ユズル「替歌こそ本質なのだ」、一三四ページ。
44 中川五郎「ぼくにとってうたとは何か」、一六八ページ。

I was a member of a good platoon.
We were on maneuvers in-a Loozianna.
One night by the light of the moon.
The captain told us to ford a river.
That' s how it all begun.
We were -knee deep in the Big Muddy.
But the big fool said to push on.
Pete Seeger, Waist Deep in the Big Muddy[45]

むかしぼくが優秀な軍隊の隊員だったとき
月夜の晩にルイジアナで演習をした
隊長はぼくらに　河を歩いて渡れといった
ぼくらは膝まで泥まみれ　だが隊長はいった進め
隊長危ない　ひきかえそうと軍曹がいった
行くんだ軍曹　俺は前にここを渡ったぞ
ぬかるみだけど頑張って歩き続けろ
ぼくらは腰まで泥まみれ　だが隊長は言った進め
中川五郎『腰まで泥まみれ』[46]

45 歌詞は Pete Seeger Appreciation Page より。http://peteseeger. net/wp/?page_id=1513（二千十七年六月五日現在閲覧不可）。著作権表記は次の通り。WAIST DEEP IN THE BIG MUDDY（腰まで泥まみれ）Words and Music by Pete Seeger TRO - © Copyright 1967 by MELODY TRAILS, INC., New York, N.Y., U.S.A. Rights for Japan controlled by TRO Essex Japan Ltd., Tokyo Authorized for sale in Japan only

46 歌詞は、一九六九年発売の中川五郎『終り　はじまる』ＵＲＣレコード（エイベックス・イオよりＣＤとして再発）。

中川五郎『腰までどろまみれ／恋人よ　ベッドのそばにおいで』EP 盤ジャケット、URC

中川の訳詞は文意を取りながら意訳されている。片桐は「訳詞のあたらしい波」において、中川や高石のような訳詞をある程度自由につけながらうたう活動を擁護していた。[47]

ところで、鶴見はプラグマティズムや意味の問題に関して述べた「折衷主義の哲学としてのプラグマティズムの方法」において、「意味のずらしかた」としての「カエ歌」について書いているが、[48] 中川や高石のように訳詞をある程度自由につけながら歌われるフォークソングの方法は、意味をずらしながら歌い継がれる「限界芸術」としての「早口言葉」や「ふしことば」そして「替え歌」としての側面があると考えられるだろう。ここで訳を自由につけることと「替え歌」は接近するのである。

そして、もう一つは「パロディ」としてのうたや表現が持つ力である。それを中川の「主婦のブルース」から見て行こう。

みなさんわたしのうたをきいてよ　わたしは平凡な奥さんよ

47 片桐ユズル『うたとのであい』（「訳詞のあたらしい波」）、八二－八六ページ。
48 鶴見俊輔「折衷主義の哲学としてのプラグマティズムの方法」、一九一ページ。

もうすぐおばあちゃんになってしまう　五〇をちょっとすぎた奥さんよ
おお　人生は悩みよ　ちっとも楽しくない
恋なんてしないまにふけちゃった　わびしい夢に　はかない楽しい
思い通りには何もならない[49]

中川五郎『主婦のブルース』

この「うた」は、もともとはアイルランド民謡に新しい歌詞をつけたものである。そして、この歌詞は中川がいろいろな表現を手本にして作ったものである。それは、プロフェッショナルな表現というものよりも、元からあった曲に歌詞をつけることによって、パロディのような「うた」が生まれるということなのである。

このことを「うた」の実践から考えると、「うた」は様々な要素をそこに織り込むことが出来るということである。そこには、「パロディ」という「風刺」や「笑い」を誘う側面がある。これは、学者や批評家の言説に見られる「真面目」な社会批判のみではなく、「ひとびと」の感覚にあるものに訴えかけながら笑いを誘い、そして社会批判を行うという、「うた」の別の側面もクローズアップするのである。

「うた」はアマルガムなものとなり複数の要素が混交するので、もちろん一つの影響からだけで分析出来るものではないが、中川の「うた」の実践は、片桐や鶴見の議論も媒介しながら、その表現が意味づけられるだろう。中川の「うた」は片桐という解釈者によって鶴見の議論も架橋され意味づけされるが、自身の実践においてはそれだ

49　歌詞は、一九六九年発売の『終わり・はじまる』URCレコード（エイベックス・イオよりCD再発）。

けではない活動も行われていったのである。[50]

たとえば、片桐は中川の「うた」がどのように歌い継がれているのかについて述べているが、これは「うた」が実践される様相を捉えたもので、鶴見の議論のみではない「うた」の広がりを見ることが出来る。[51]それを見ていこう。

まず、真崎義博はボブ・ディランの「うた」を『炭鉱町のブルース』へ替え歌にして歌った。そして、ディランの『ノース・カントリー・ブルース』を替え歌にした真崎の『炭鉱町のブルース』は、

中川五郎『受験生のブルース』

に替え歌される。

そして中川のこのうたは、曲が高石によって作りかえられ、

高石友也『受験生ブルース』

となる。

それから、高石の『受験生ブルース』は六八年二月に発表されヒットするのである。[52]

50　片桐は、鶴見の『限界芸術論』に言及する以前には、彼のプラグマティズムを引用しながらアメリカ詩や意味論の研究を行っていた。
51　片桐ユズル「替歌こそ本質なのだ」、一四三ページ。
52　黒沢進編『資料日本ポピュラー史研究　初期フォークレーベル編』、一〇ページ。

そしてこのうたは、東京フォーク・ゲリラ『機動隊のブルース』に「うた」が変化していくのであった。[53] フォーク・ゲリラは流行歌としての『受験生ブルース』を「替え歌」にしながら自身のことをうたっているのである。

おいでみなさん聞いとくれ
はり紙だらけの炭鉱町
年寄りだけしか残らない
こんな話を聞いとくれ
　真崎義博『炭鉱町のブルース』

おいでみなさん聞いとくれ
おいらは悲しい受験生
地獄のような毎日を
どうかみなさん聞いとくれ
　中川五郎『受験生のブルース』

53　辻俊一郎（二〇〇二）『フォークソング運動』新風舎、二二五－二二六ページ。片桐ユズル「替歌こそ本質なのだ」、一四一－一四二ページ。音源は、片桐、中山容、秦政明編集の『関西フォークの歴史　1966～1974（1）』エイベックス・イオ、『続　関西フォークの歴史　1966～1974（3）』エイベックス・イオ、で聴ける。

おいでみなさん聞いとくれ
ぼくはかなしい機動隊
砂をかむよな　あじけない
ぼくのはなしをきいとくれ
『機動隊のブルース』[54]

『受験生ブルース』に関連して、高石は「歌と民衆」において、

おいでみなさんきいとくれ…………『受験生ブルース』などくだらんものを歌っとるやつが、なまいきなと、あなたはいうかも知れぬ。しかし『受験生ブルース』は、現代の一つの民謡だと思っている。[55]

と述べている。

ここで「現代の一つの」ということに注目すれば、民謡というものが古くからあるものというイメージではなく、フォークソングによってモダンなものとしての「ひとびと」のうたがうたわれているということであろう。高石も「民謡というときに、昔のものという先入観を消してみたい。」と続けている。[56]

54　それぞれの歌詞の部分は、片桐「替歌こそ本質なのだ」、一四一‐一四二ページより引用。
55　高石友也（一九六九）「歌と民衆」高石友也・岡林信康・中川五郎『フォークは未来をひらく』社会新報、四七ページ。
56　同前、四八ページ。

そして、このような中川らにおけるうたの実践によって、「民謡」や「フォークソング」をめぐって「時評的」な問題である「反戦」や、フォークソングの実践である「非専門家」「素人」「限界芸術」などと接合して「うた」の空間とでも言えるものが形成されていたと考えられるのである。

【7】フォークスクール、全日本フォーク・ジャンボリーという空間、一九七〇年代のフォークソングの変容

このような、フォークソングによる「うた」の実践により、「非専門家」が自分で作って歌うという実践が片桐のような批評家にも高く評価されていた。そのような「うた」の実践にあるのが「空間」である。その一つが、新森小路教会で一九六八年一月から開かれていた「フォークスクール」であった。

――（「フォークスクール」は）それはもう、アマチュアもなにも関係なく、みんな無名の人たちが、自分で作った曲を持ち寄って歌うということですか？

中川　はい。高石（友也）さんも、もちろん来たこともあるし、岡林（信康）さんも来たりとか、『五つの赤い風船』の西岡たかしさんとかも来たと思うんですけど、別にそういうプロ・アマ関係なくて、なんかそういう、興味のある人が集まってくるっていう感じでしたね。ただやっぱり、あの、回を重ねて高石さんとか岡林さんとかがすごく売れてきて忙しくなると、やっぱりなかなか顔出さなくなるっていうか、そういうことはあったと思いますね。

片桐は、『思想の科学』一九六八年九月号に掲載された「フォーク学校の構想」のなかで、「フォーク・ソング」の運動を「学校」という空間において展開することを構想していた。[57] この学校とは、大阪にあった民間の「文学学校」のような場所が想定されていたのである。ユルゲン・ハーバマスは、その公共圏論の中で教会の持つ機能について述べていたが、「フォークスクール」が開かれていた教会はまさに公共圏としての「空間」の役割を果たしていたと言えるだろう。[58]

そして、一九六九年から七一年に岐阜県中津川近くで行われた、当時最大の音楽イベントであるといわれている「全日本フォーク・ジャンボリー」[59]は、地元の青年たちと主催者、笠木透らによって作られたフォークソングという「うた」の空間であった。この「フォーク・ジャンボリー」は、東谷護によって「フォークソングを多くの人に知らせるきっかけとなった」[60]といわれているように、フォークソングというものを象徴するイベントであった。

フォーク・ジャンボリーは笠木が想像していた以上の規模に膨れ上がり、六九年から七一年の三回と長くは続かなかった。第三回の二日目のメイン・ステージではジャズ・シンガー、安田南のライブの途中に参加者三〇人ほどによってステージが占拠されるという出来事があった。その後フォーク・ジャンボリーは中止されることになるの

57 片桐ユズル（一九六八）「フォーク学校の構想」『思想の科学』一九六八年九月号。
58 ユルゲン・ハーバマス（二〇〇三）『事実性と妥当性』下巻（河上倫逸ほか訳）未來社。
59 フォーク・ジャンボリーについては、鈴木勝男（一九八七）『風に吹かれた神々』シンコーミュージック、あるいは東谷護（一九九五）『日本におけるフォークソングの展開』ＪＡＳＰＭワーキングペーパーシリーズ（日本ポピュラー音楽学会）。
60 東谷護、同前、二七ページ。

である。[61]

「全日本フォーク・ジャンボリー」について、中川は次のように評価している。

――やはり、当時の社会運動とのつながりというのは意識してたんですか？　エンターテインメントの方というのも出てきてたんですか？

中川　まぁ……運動とのつながりももちろんあったと思うんですけど、でもやっぱり出てる人とか、そういう、はっきりと運動とつながった歌を歌う人というのは少なかったので、まぁエンターテインメントというか、まぁ当時のフォークの人気のある人が、集まって出たって感じですね。

そして、インタビューでも語られているように、反戦運動に行き詰まりを感じるなかで、中川も心境の変化が訪れる。中川は当時フォーク歌手としてデビューしていたので大学にはほとんど通わず、そのため学生運動にはコミットいていなかった。それでも、学生運動との時代的な交差には言及している。

中川　僕は、だから東京に移った時というのも、もうちょっと歌を、あんまり積極的にやらなくなったっていうのがあって、僕の場合は、六七年の春に高石さんと知り合って、六七年、六八年、六九年ぐらいがかなり積極的にというか、一生懸命、七〇年の春ぐらいまでは、あの、かなりあの、頑張って歌ってたんですけど。

61　メイン・ステージ占拠については、鈴木『風に吹かれた神々』、七二―七五ページ。

で、たぶん、当時のまぁ関西のフォークで歌ってる人のなかでも、まぁ僕の場合一番、反戦、戦争反対の歌とかメッセージ色の強い歌とか、そういうのを一番まぁ、積極的に歌おうとしていて。でまぁ、いろんな運動のつながりのなかでも歌を歌いたいなっていう気持ちがあって、でそういうことをやってたんですけど、でもやはりまわりのフォークの人たちっていうのはそこまで運動と結びついたりとか、持ち歌が全部あの、メッセージ性の強い歌かというとそうではなくて、やはりもっと音楽的というか、あの、そういう活動されてたので。

中川 で僕はまぁそういう中で、結構戦争反対とかそういうのにこだわって歌っていて、それだけになんか一九七〇年になって、運動自体がかなり行き詰まったり分裂したり元気がなくなったときに、なんか自分が何歌っていいのかっていうのが分からなくなったというか、なんかこう、目標を見失ったみたいなところがあって。それで、まぁやはりそういう大学闘争とかの行き詰まりと自分の歌との行き詰まりっていうのが重なってるかなっていうふうには思うんすけどね。

中川が感じていたのは、社会の変化の中でフォークソングの持つ意味が変容していくことであったということであろう。その後の日本におけるポピュラー音楽の歴史からは、「四畳半フォーク」とも呼ばれる、社会とのつながりが希薄になっていき自分のことが歌われる「私生活主義」の音楽の流れに変化して行くのであった。[62]

62 社会学における「私生活化」についての分析は、三沢謙一（一九九二）「「豊かな社会」における生き方の問題（1）私生活化の概念をめぐって」『評論社会科学』四五号、同志社大学人文学会。

そして中川は、音楽活動を休止して雑誌の編集を始める。それが、『フォーク・リポート』である。

2 『フォーク・リポート』とその周辺

【1】『フォーク・リポート』わいせつ事件

『フォーク・リポート』は、関西のフォークソング運動を中心に、音楽文化についての言説で誌面が構成されていた。中川は摘発された『フォーク・リポート』一九七〇年一一、一二月号のみを早川義夫らと編集していた。

中川は『フォーク・リポート』のこの号に、「山寺和正」のペンネームで「ふたりのラブジュース」という「フォーク小説」を発表する。そして、高校教師の通報により、七一年二月一五日にアート音楽出版に捜査が入り押収、七二年一二月に発行者の秦政明と中川五郎が起訴された。[63] それから、この事件は鶴見が証言台にまで立つ裁判となる。

『フォーク・リポート』一九七〇年一一、一二月号の目次から確認しておけば、「特集=岡林と高石を裸にする!」として、

63 フォーク・リポートわいせつ裁判を調査する会編(一九七六)『フォーク・リポートわいせつ事件 珍巻』プレイガイドジャーナル社。

『フォーク・リポート』1970年11、12月号　アート音楽出版

岡林信康作品論　布川博
あなたは石もて打つだろう　片桐ユズル
ボブ・ディランその他を語る　岡林信康　室謙二　ダグラス・ラミス
あまり高石ともやを語らぬ高石ともや論　三橋一夫
友やんへの三通の手紙　鳥居安芸
高石神話の崩壊　水谷明
岡林信康、高石を語る〈五郎寝インタビュー〉
高石ともやギターとともに〈ギターの流れにおける高石ともやの歴史的考察〉
高石ともや語録〈僕がいる限りフォークはほろびない〉
岡林信康ろっくコンサート進行表
高石ともや五年目のフォーク進行表

が収録される。

そして中川がペンネームで執筆した「フォーク小説　ふたりのラブ・ジュース　山寺和正」は中尾ハジメのエッセイの後に掲載されている。その次に、また「抄訳　山寺和正」として「立ち読み　高校生の性知識　B・H・ク

レーソン」の翻訳が載っている。

この次の号（一九七一年春）では、表紙に「前号〝わいせつ〟容疑で押収さる！」と印刷され、「マイナー手帖」という保住映・早川義夫編集の小冊子が挟み込まれて、そこで特集が組まれている。内容は、押収の経緯とそれを報じた週刊誌などの切り抜き「なぜ悪い」と題された座談会などであった。

――起訴されたのがはじめての小説だったんですか？

中川　あれはね、もうとにかく早川義夫さんとあの村元武さんと僕と三人が編集部だったんですけど、でまぁみんなで集まってわいわい言いながら雑誌作っていて、で、そのときに小説ものすごいよかったなんかそういう話になって、で、その場で書いただけなんですよ。

中川　たまたまそういう、こと細かな性描写もあったかもしれないいんですけど、やはりこう、『フォーク・リポート』自体が既成の流通形態を使わずに、こう出回ってたんですね。で、『フォーク・リポート』の販売も書店じゃなくて、レコード屋さんで売ってたり、あるいはＵＲＣのレコードクラブの会員が定期購読者だったりして、いわゆる、どこにもひっかからない自由な流通のなかで動いていて、で、なおかつ高校性とか中学生とか若い人に出回っていたということで。

中川のこの小説（「ふたりのラブジュース」）は、性器や性行為がかなり詳細に描かれていて、それが当局を刺激した

フォーク・リポートわいせつ裁判を調査する会編（1976）『フォーク・リポートわいせつ事件珍巻』プレイガイドジャーナル社

のではないかと、篠原章は『日本ロック雑誌クロニクル』のなかで指摘している。[64] インタビューでも述べられているように、中川は、『フォーク・リポート』が一般の書店流通には乗らない、レコード店を中心に販売されていたものであったのが原因ではないかと推測している。

『フォーク・リポート』裁判は一九七六年三月に一審では無罪、それが一九七九年三月の控訴審では有罪となり、一九八〇年一一月に最高裁で上告が棄却され有罪が確定する。[65] この裁判を担当した弁護士の藤田一良によると、「当時私が読んだ時の率直な印象は、小説というよりは、それにたどりつくまでの習作という感じでした。」と裁判記録の意見陳述で述べている。[66] このことは、とりもなおさず中川の「素人」による表現とでもいえる態度を捉えているといえるだろう。

そして、裁判について記録した中尾ハジメは、公判で中川が歌詞を読み上げると「法廷を楽しみはじめた傍聴席

64 篠原章『日本ロック雑誌クロニクル』、一四八–一四九ページ。
65 中尾ハジメ（二〇一四）「フォークリポートわいせつ裁判―裁判に可能性と希望を」『弁護士・藤田一良』緑風出版、一六六ページ。
66 藤田一良（二〇一四）『弁護士・藤田一良』緑風出版、一二七ページ。

からは笑い声が絶えなかった。」[67]と記述している。まさに、中川の表現行為や態度は、法廷という厳格な場においても「笑い」や「ユーモア」を引き寄せるものであったのである。

【2】『フォーク・リポート』とその後

『フォーク・リポート』は一部の書店を除いて一般の本屋では流通せず、主にレコード店で販売されていた。第三章で言及した『フォーク・リポート』の読者欄からもわかるように、その時期の読者は中学生、高校生が多かったと推測される。この同時期には『新譜ジャーナル』がフォークソングを中心とした雑誌として創刊されているが、読者欄からは『フォーク・リポート』に見られるフォークソングと市民運動、反戦運動に関わるようなものはほとんど見られなかった。

中川　僕の場合、やはりあの、すごく影響受けたっていうか、かなり高校の時にフォークと出会いべ平連と出会いっていうことで、なんかその二つが結びついてて。まぁ、たいていの人は音楽だけに出会ってそういうのにのめり込んでいくと思うんですけど、僕、ほとんど同じ時期に両方にものすごく深く関わったというか、どっちにも興味をもって、で、やはりべ平連の動きっていうか、反戦運動と自分が歌いたいっていう気持ちとがぴったり一致したっていうか、すごくつながったんですよね。だから、それが僕の場合、他のフォークをやり始めた人とはちょっと違うかなぁっていうのがあって、そのべ平連自体もそういう政治的ってい

67　中尾「フォークリポートわいせつ裁判―裁判に可能性と希望を」一六三ページ。

うか市民運動なり社会運動のグループのなかでは、すごくフォークに理解を示したというか、興味を示した人たちがたくさんいて、でそれがまぁ、新宿西口のフォークゲリラとか、あるいは大阪でのフォークゲリラとか、そういうのに全部つながるんですけど。

『フォーク・リポート』は、ある部分で、市民運動と結びつきながらフォークソング文化が構築されていく言説の領域であったのである。中川自身も、フォークと市民運動が結びつくことを意識しながら表現者として「うた」を歌っていたのであった。しかし、中川と片桐らのフォークソング運動は、当時の学生運動の結びつきは希薄であった。むしろ、この運動は高校や大学ではなく、例えば新宿という都市空間や教会のような公共空間、あるいはレコードや雑誌、ミニコミという媒体の中で行われていたのである。そして、雑誌という媒体である『フォーク・リポート』は、「フォーク・リポートわいせつ裁判」の舞台となったのである。

その後、中川は東京に出て、雑誌編集者、音楽評論家として活躍することになる。それが七〇年代のことであった。七〇年には中川は『フォーク・リポート』の編集も行い歌も歌っていた。そして、「フォーク・リポートわいせつ事件」以降、中川は表現の舞台を雑誌編集に移しながら音楽評論家としても活躍して行くことになる。中川は、一九七〇年代から八〇年代の消費社会とも言われる東京において表現活動を開始したのである。

3　雑誌編集者、評論家として

【1】雑誌編集者として

日本では、一九七〇年の大阪万博以降、ファション雑誌である、『ａｎ・ａｎ』（一九七〇年）や『ｎｏｎ-ｎｏ』（一九七一年）などが創刊されるが、中川が八〇年代に関わりを持つのも『ａｎ・ａｎ』と同じ平凡出版（その後のマガジンハウス）が発行している一九八〇年創刊の『ＢＲＵＴＵＳ』というファッション誌であった。[68]

——東京に行かれて、『ＢＲＵＴＵＳ』の編集をされるというのは、小説のなかで書かれてましたけど、最初は、契約社員みたいな形で入られるんですか？

中川　いえいえ、あの僕は七〇年のはじめに東京に来て、でまぁ七〇年代いっぱい、歌い続けててもいたんですけど、音楽のあの原稿もいっぱい書いていて、あの、歌詞の対訳やったりとかはレコードの解説とかそういうのをまぁ両方やってたんですけど、もう七〇年代後半、七九年ぐらいに結構その、仕事もなく歌いに行っても全然人が聞きに来なかったりして、かなりもう厳しい経済状況だったときに、室謙二さんに相談したら室謙二さんはもう、『ポパイ』とかの頃から当時の平凡出版だったんですけど、マガジンハウスの雑誌とかにかなり関わっておられて。で、室謙二さんが『ＢＲＵＴＵＳ』の副編集長とかに僕のことを紹介してく

68　出版ニュース社（二〇〇二）『出版データブック　改訂版一九四五-二〇〇〇』出版ニュース社。

だざって。それでまぁフリーの、ただのまぁライターとして『ＢＲＵＴＵＳ』で仕事をもらうようになって、で、それが八〇年か八一年なんですけど。

このように中川は、「べ平連」に関わり『思想の科学』の編集も行っていた室憲二に『ＢＲＵＴＵＳ』の仕事を紹介される。ここでは、中川の人的ネットワークが彼のその後のキャリアにおいても影響を与えていたのである。この『ＢＲＵＴＵＳ』での編集時代を綴ったものに、『ロメオ塾』という小説がある。『ロメオ塾』のあとがきによると、一九八二年から『ロメオ』（つまり『ＢＲＵＴＵＳ』）編集部に出入りするようになる。[69]

中川　で、そうやって、頼まれたことをなんでも書くような、ちっさい……ほんとに、書評とか短い原稿から書き始めて、そうするうちに『ＢＲＵＴＵＳ』の編集部にいつもいりびたるようになって、行けばなんか仕事もらえるんですね。でそれでずうっと顔出してるうちに、まぁいわゆるフリーのフリーエディターっていうか、『ＢＲＵＴＵＳ』のなかのあそこはまぁ社員の編集者っていう方が結構な数いて、でその社員のひとはあんまり自分で原稿書いたりとか仕事をせずに、フリーのひとにまわすっていうかそういうフリーのひとを使うっていう感じなので。でそういうのでフリーで『ＢＲＵＴＵＳ』に出入りしている人たちが、もうそれこそ一〇人、一五人いたんですよね。で、なんかそういうような、なかのひとりになって、それで、五、六年はかなり熱心にその、『ＢＲＵＴＵＳ』の編集をやって取材に行ったりとかそういうことをしていました。

69　中川五郎（一九九九）『ロメオ塾』リトル・モア。

当時の仕事と生活について、『ロメオ塾』には取材費で五万円をもらってレコードや本を買って、ガールフレンドと夜に飲みに行くというような記述もある。[70] もちろん、これはあくまでも小説ではあるのだが、中川は「そこに書かれていることは、幾分なりとも脚色されていたり誇張されていたりするが、だいたいは事実に基づいたものだと考えてもらってもいい。」[71] とあとがきに記しており、当時の状況を間接的に知る資料となるだろうと思われる。

【2】評論家として

そして、中川は音楽評論家としても活動するようになる。インタビューにあるように、中川が洋楽LPのライナーノーツを執筆するのは、もともと歌手として出入りしていたキングレコードでたまたま書いた洋楽の解説からであった。それから中川は八〇年代、九〇年代、二〇〇〇年代を通して、U2やスミス、モリッシーなどの歌詞対訳などさまざまな音楽評論活動を行っていく。

そして、中川はテレビにも出演するようになる。それが、日本テレビ系列で放送されていた「11PM」である。

――「11PM」に出られたときも、『BRUTUS』とかの流れでテレビにも出られたんですか?

70　同前、三〇ページ。
71　同前、二三二ページ。

中川　いあ、あれはねぇ『ＢＲＵＴＵＳ』とか関係なくて、いわゆるまぁ音楽ライターとしてたまたまいろんな仕事してたから。で、その日本テレビのディレクターのひとと知り合ってってことだったと思うんですけど。

当時の「11ＰＭ」は、その時代の風俗を象徴するテレビ番組であった。大橋巨泉や藤本義一、愛川欽也などが司会を務め、風俗からサブカルチャーまで放送していた。[72]中川はそこで音楽評論家の今野雄二と並んで新着の洋楽のビデオの解説や音楽ライターとして活動していた。

中川　八〇年代はやはりそのバブルのつながりの、すごく、虚飾に満ちたっていうか軽薄な動きの時代だったと思うのですけど。で、たまたま、僕は八〇年代に『ＢＲＵＴＵＳ』の編集とかやって、すごくそういう流れにのってうまくやってしまったなぁという、なんかそういう思いがあって。八〇年代って、まぁずっと六〇年代後半からやり続けてきたフォークの人たちにとっては、ものすごく厳しいっていうか、やはりあちこちに歌いに行ってもなかなか人が聞きに来てくれなかったりとか、新しいレコードを作ろうとしてもなかなか出せなかったりとか、みんなすごく苦労してた時代なんですよね。でなんかそういうときに、自分はちょっと歌に背中を向けて、ものすごく派手な雑誌のそういう編集みたいなのに走ったということで。

これまでの中川のライフ・ヒストリーの軌跡において、まずは「素人」であった高校生時代に「フォークソン

72　瀬戸川宗太（二〇一二）『懐かしのテレビ黄金時代』平凡社新書、も参照。

グ」という表現と「べ平連」の集会において高石友也と出会うことが、中川が表現者となっていく契機となったということが語られた。そして、鶴見の『限界芸術論』において、「限界芸術」の一つの要素となる。「非専門家」による「非専門家」への表現芸術としての「フォークソング」が、鶴見や片桐らとの人的なネットワークのなかで実践されていったのである。この「フォークソング」という音楽文化における実践のプロセスは、当事者としての中川による証言として戦後日本の大衆文化を考える上でも意義があると考える。

そして次に、本章の後半においては「フォーク・リポートわいせつ裁判」や中川がフォーク歌手から編集者、作家となっていく七〇年代以降の活動について彼の軌跡を取り上げた。それから、中川は消費社会とも言われる時代において、それを支える雑誌と、そこで編集に携わることで評論や小説、翻訳を本格的に行っていくことになり、このことによって、彼は書物やテレビ番組というメディアに出演する表現者となって行くのであった。

中川の軌跡には、持続するものが見られる。それが、まさに「限界芸術」の担い手としてのフォーク歌手の頃や『フォーク・リポート』の編集、そこで発表した小説への態度とも通底するものであるだろう。つまり、「フォーク・リポートわいせつ裁判」の公判でも明らかになったことだが、ここで変名で発表された小説というのは、「プロフェッショナル」な表現ではなく、「素人」が行った表現活動であったということである。中川は裁判の意見陳述で「気軽に書き始めた」と述べている。[73] そして、彼の公判の戦術が笑いを誘うものであったということも指摘した通りである。

73　中川五郎「意見陳述」、五四ページ。そして、ここには中川の反戦フォークから小説を書くに至った経緯が連続し一貫したものとして述べられているのである。

これは、中川が、「プロフェッショナル（専門家）」ではない「素人（非専門家）」ではあるが、その「表現」が大衆文化に入り込んでいく「表現者」でもあるような、つまりは「限界芸術」が大衆文化へ流入する契機ともなる中間的な存在であったからだと考えられるである。もちろん、ここで「表現者」とは受動的な存在のことではなく、中間的でありながら創造的な「表現者」となりうるような存在なのである。

それから、中川は七〇年代以降の社会や文化において、『BRUTUS』や「11PM」というメディアと関わることで、フォーク歌手から編集者、作家となっていった。ここでは、六〇年代の人的なネットワークが大きな役割を果たしていたのである。中川がテレビや雑誌というメディアと関わる頃は高度成長が終わりを告げるにもかかわらず、消費社会と言われる社会と文化が変容していく時期と重なっていた。そしてファッション雑誌や深夜テレビは大衆文化のメディアとして、中川が表現する場所となっていたのである。このような、中川のライフ・ヒストリーにおける七〇年代以降の語りは、六〇年代後半の同時期にURCで活躍した高石や岡林などがフォークソング運動のメインストリームから離れ、独自の活動を行っていく中で、「素人」から「表現者」となるケーススタディの一つとして現れてくるものであると考えられるのである。

終章

本書では、鶴見俊輔の文化論、芸術論である「限界芸術論」を中心に、その議論が戦後の大衆文化とその後の表現文化にどのように応用、展開されてきたのかについて、言説、メディアあるいは関係者の活動から考察した。

以下に、本書で考察してきたことと、そこから得られた知見についてまとめておきたい。

1

【1】第一に、鶴見俊輔の『限界芸術論』の射程を、プラグマティズムの流れから論考「芸術の発展」と「流行歌の歴史」を中心に分析した。「流行歌の歴史」は、『限界芸術論』を考えるときにその具体的な応用として、例えば「限界芸術」を「純粋芸術」と「大衆芸術」とに分けるだけではなく、「限界芸術」が「純粋芸術」を「大衆芸術」へとつなぐ事例が示されている。特に、それが「替え歌」の「ふし言葉」から分析されていることについて考察した。このことが、鶴見の「限界芸術論」の射程において、「大衆芸術」や「大衆文化」を考える契機ともなるとい

うことに言及した。

【2】「限界芸術論」は、一九六〇年代半ばから関西を中心とした「フォークソング運動」に展開されており、その理論的著作を著していた片桐ユズルについて、その思想と活動から考察した。また、鶴見が大学や『思想の科学』といった媒体とも関係する人的なネットワークから、片桐、中川五郎、室謙二らから「フォークソング運動」の実践と、そこに鶴見の「限界芸術論」がどのように影響を与えたのかについて言説や歌詞などから分析した。ここでは、フォークシンガーを中心としながら片桐のような人物が関わり、「限界芸術論」が応用されていったことの一端を示すことが出来た。

ここから、フォークソングに関わる人たちは必ずしも音楽の専門家ではない、あるいは音楽を市民運動との関わりのなかで捉えるという動きとも連動していたということが確認された。それは、アドルノのような大衆文化の分析というよりも、鶴見の議論のような大衆文化を積極的に捉えようとする姿勢とも通じるものである。

【3】そして、ほぼ同時期の日本における音楽文化という新たな言説の構築の動きを、『うたうたうた フォーク・リポート』を中心とした雑誌と、そこに関わった人物の言説から考察した。『フォーク・リポート』は、日本におけるインディペンデント・レーベルの草分けといわれるＵＲＣレコードの広報とアーティストの活動を伝えるものとして創刊された雑誌であり、いわゆる商業誌とは一線を画す活動であった。これまで、その内容についてはほとんど研究されてこなかったが、本書で取り上げたように、人的なネットワークと関連しながらポピュラー音楽文化における批評言説が形成されていたのである。

【4】鶴見が「限界芸術」の特徴として引き出した、「限界芸術は、非専門家によってつくられ、非専門的享受者によって享受される」[1]というところに関して、それを「素人」の表現文化として読み取ることによって積極的に実践していた関西のフォークソング運動は、時代の流れの中で変容し衰退して行く。その流れの中で表現者として活動したフォーク歌手の中川五郎を彼自身へのインタビューを中心としたライフ・ヒストリー調査から考察した。そして、中川のライフ・ヒストリーから、彼が「フォーク歌手」「編集者」「作家」となった軌跡を辿ることで、「素人」が表現の世界においてどのように活動をしていったのかについて分析を行い、中川の表現者としての位置を確認した。

2

本書において言及した「民衆」や「大衆」は、鶴見の議論でも初期の研究における「ひとびと」という概念とも結びついている。[2]「ひとびとの哲学叢書」と銘打って一九五〇年に刊行された『夢とおもかげ』は、「思想の科学研究会」における大衆文化研究の最初の成果であると考えられるが、この「ひとびとの哲学」とは、鶴見和子によれば「はじめて雑誌(『思想の科学』引用者)にあらわれるのが、一九四六年一二月号」であり、それは「日本の民衆思

1　鶴見俊輔(一九六七a)『限界芸術論』勁草書房、七ページ。
2　例えば、市井三郎は「ひとびと」を「大衆」とイコールなものとして論じている(市井　一九七六)。

想にどうやって近付くか」という『思想の科学』の方向であるという。[3]この『夢とおもかげ』のころの「大衆娯楽」という対象は、八八年に刊行された『戦後日本の精神史』における鶴見の「民衆娯楽」や『戦後日本の大衆文化史』においても反映されていると思われる。そして、『夢とおもかげ』を再編集し増補して一九七〇年に刊行された『流行歌の秘密』に収録されたのが、鶴見の「流行歌の歴史」であった。

また「市民」という概念は、『思想の科学』について調べた横尾夏織によると、第四次『思想の科学』一九六〇年七月号の「緊急特集：市民としての抵抗」特集で「市民主義」の代表と見られるようになったということであるが、[4]鶴見は六〇年代の「声なき声の会」[5]から「べ平連」への運動の関わりのなかで「市民運動」について言及していた。そこでは「学生の大衆行動」や「市民的不服従」ということばが見られる。[6]そして、「べ平連」運動のなかで「東京フォーク・ゲリラ」についても述べていて、そこでは「市民」というより「民衆」ということばを使用しながら現象が記述されているのである。[7]これらはバリエーションを含みながら、「ひとびと」という対象へのま

3 社団法人思想の科学研究会編（一九八二）『思想の科学　会報一』柏書房、一六－一九ページ。「ひとびとの哲学」の源流として、天野正子はプラグマティズムからエマソンの「コモン・マンの哲学」へたどると述べている。天野正子（一九九二）「民衆思想への方法的実験」安田常雄・天野正子編『戦後「啓蒙」思想の遺したもの』久山社、一〇九－一一〇ページ。

4 横尾夏織（二〇〇六）「『思想の科学』における多元主義の展開と大衆へのアプローチ」『社会科学部創設四〇周年記念学生論文集』二〇三ページ。

5 「声なき声の会」については、鶴見俊輔（一九九六b）「解説」『復刻版　声なき声のたより　第一巻　一九六〇－一九七〇』柏書房。

6 鶴見俊輔（一九六七b）「ヤミ市と市民的不服従」『鶴見俊輔著作集　五時論・エッセイ』筑摩書房。

7 鶴見俊輔（一九六九d）「牧歌時代以降」小田実編『べ平連とは何か』徳間書店、において「民衆の広場を作る運動」としてフォーク・ゲリラについて言及している。

なざしに貫かれたものであろう。

このこととも関係するところでは、武谷三男は一九六六年に『思想の科学』について、そこで取り上げられている「庶民」が「ピープル」とは違うのではないかと述べていた。[8] しかし、鶴見が関わった「ベ平連」の運動とそれとも連動するフォークソング運動では「ピープル」と「民衆」への視座が交差していると考えられる。[9] 本書で考察したフォークソング運動において行動する「ひとびと」は、武谷の疑問への一つの返答としても考えられるだろう。あるいは、高畠通敏は、鶴見は「市民社会という表現は避けていた」ものの、その思想は市民社会を志向し、鶴見の中に自律した個人（市民）の集まりである小集団と「日本の戦前社会や前近代社会の遺産の中に、現代市民社会へと受け継がれるべき市民性の伝統があると考えた。」との指摘をしており、鶴見の思想を連続するものとして捉えているのである。[10]

また、批評家の粕谷一希は、鶴見の議論は大衆論が持っていたマス・コミュニケーションなどへの危機意識があるのか、という指摘を行っている。[11] これに関しては、鶴見がアメリカの状況からテレビについて述べたところで、

8　武谷三男（一九六六）「『思想の科学』への提言」『思想の科学』一九六六年五月号、一四二―一四三ページ。

9　鶴見「牧歌時代以降」。また、小田実は「ベ平連」を「「反戦」の市民運動」と捉え、その国際会議「反戦と変革にかんする国際会議」を「International Peoples' Conference against War and for Fundemental Social Change」と英訳し、そこで「People」ということばを使用している。小田実（一九九五）『「ベ平連」・回顧録でない回顧』第三書館、三三四ページ。山口定は、高畠の久野、鶴見についての言及から、「知識人の「市民」論が、従来のやや観念的な「主体性」論から民衆の「生活」領域に繫留されはじめたことを意味していた」と述べている（山口定（二〇〇四）『市民社会論』有斐閣、九六ページ）。

10　高畠通敏（二〇〇三＝二〇〇九）「「市民社会」とはなにか」『高畠通敏集　一』岩波書店、一一六ページ。それは、鶴見がコミュニティを語るときも常に個人や小集団に言及していることからもわかる（鶴見俊輔（一九五五＝一九七六）「ロバート・レッドフィールド『小さなコミュニティー』」『鶴見俊輔著作集一哲学』筑摩書房、など）。

11　粕谷一希（一九七八）「鶴見俊輔論」『現代思想』一九七八年一二月号、一〇九ページ。

『思想の科学』1960年7月号、中央公論社

その問題点を挙げており、危機意識は本書で比較したフランクフルト学派の社会哲学者、アドルノらとも共有している部分があると思われる。また、『限界芸術論』における一つの視座である「限界芸術」が「大衆芸術」に吸収されることを防ぐ役割も果たしているということからも、必ずしもマス・コミュニケーションへのオプティミスティックな態度だけではないと考えられる。しかし、鶴見はマス・コミュニケーションというメディアよりも「ひとびと」に対する一貫した姿勢でその可能性を探っているのは考察してきた通りである。

もちろん、現代文化研究との比較において大衆文化研究とも関わるところに限っても、鶴見の思想の射程は漫画や落語、大衆小説など広い。たとえば一九八〇年代以降においても、単行本として『戦時期日本の精神史』、『戦後日本の大衆文化史』、『思想の落とし穴』などが刊行されている。『戦時期日本の精神史』、『戦後日本の大衆文化史』は、鶴見が一九七九年から八〇年にかけてカナダ、マギル大学で行った講義をまとめたものであるが、[12] 鶴見は『戦後日本の大衆文化史』において、「大衆文化」を「共通文化」として捉えていて、ここでも「普通の市民と市民運動」

12　両書のあとがきより。

という章が設けられ、それと関連するものとして「サークル」に言及しており、そこに「非専門家」「アマチュア」と「小集団」という言葉を当てて説明をしている。[13] このような言葉によってからも、本書で考察した「限界芸術論」から、連続するものとしての鶴見の大衆文化への視座が見て取ることが出来るのではないかと思われる。

3

鶴見の大衆文化論は、「限界芸術」からそのロジックには一貫しているところがあるように考えられる。それは、雑誌やレコード、テレビというように表現や文化を媒介するものが変化しても、そこで行われる「ひとびと」(つまり個人やその集まりである小集団)の表現に対する行動というものに、変化や批判ではなく常に一貫するものを見ようとする鶴見の態度である。つまり、「素人」の領域から表現の世界に流入していったものを、どのようなメディアであろうとそれを「限界芸術」が根底にあるものとして捉える視点である。それが、本書の中で考察してきた「替え歌」であり、これが鶴見の文化論に通底する一つの思想である。[14] その実践は、片桐ユズルと中川五郎にも変奏されながら続いていっているものであろう。

これまで考察してきたように、鶴見の「限界芸術」の議論は当時のフォークソング運動において使用された。ま

13 鶴見俊輔(一九八四)『戦後日本の大衆文化史』岩波書店、一七三ページ。

14 あるいは、鶴見俊輔(一九七六＝一九九一)「冗談音楽の流れ」『鶴見俊輔集』第六巻、筑摩書房。また、表現における素人の問題については、与謝野晶子論(鶴見俊輔(一九九三)「人と作品　理知と感情と意思」与謝野晶子(一九九三)『愛、理性及び勇気』講談社文芸文庫)など。

た鶴見は、関西のフォークソング運動に関わった片桐と中川とも交流があった。そして関西のフォークソング文化は、当時の状況のなかで片桐や中川らの活動によってその領域に輪郭が与えられたのである。

また鶴見の思想は、フォークソング運動のなかでアクチュアルなものとして「使用」され、それは音楽文化としての領域も形成していたのである。もちろん、学生文化であったキャンパス・フォークから、批評家たちによって構想されていたフォークソングが「民衆」のものであるという思考は、その後の時代の流れのなかで「歌謡曲」というジャンルに組み込まれて行くことになる。しかし、フォークソングは、大衆芸術とのかかわりのなかで変化をしながら戦後日本の大衆文化の一部となり、現代においてもそのメッセージは何度も歌われ反復されることによって受け継がれているのである。

鶴見が、自身のプラグマティズムの研究から日本の芸術や大衆文化を記述するために考案した「限界芸術論」は、「フォークソング運動」を中心とした音楽文化の中で行動するひとびとの運動へ受容され、読み替えられ、展開されてきたのである。本書はこの流れのなかに、「限界芸術論」の文化の社会学研究へのアクチュアリティを考察した。

そして本書では、鶴見の文化論のなかでも一九六〇年代の『限界芸術論』から、鶴見の思想が大衆文化の中で実践されることで、それがどのように「使用」され、応用、変容していったのかということを分析した。これらの視座から、本書は鶴見の文化と社会の理論に関する研究としての意義が見出されるのではないかと考える。

資料

『フォーク・リポート』の読者　投稿から

『フォーク・リポート』六九年四月号

「投稿窓」

今あなたが最も怒りを感じていることは何ですか？　一五才二名（学生）　一七才五名（学生二名、高二一名、無記名一名）　一八才一名（学生）

「シケン管ベイビー」ご存じ？　女の子の子宮がなくても赤ちゃんが生まれる時代！そんな時代の人間はどんな社会を作ると思いますか？　一五才一名(学生)　高一　一名　一六才一名　一七才二名(学生)　一九才一名(補助員)　二〇才一名(学生)

『フォーク・リポート』六九年五／六月号

「投稿窓」

一高校生の卒業式が荒れたが、単なる大学生の真似ではないのか？　一六才一名　一七才三名　二一才二名

二わたしたちが創り上げようとする歌に名前をつけるとするなら？　一八才一名

読者から　年齢不詳学生一名　替え歌　年齢不詳一名

『フォーク・リポート』六九年七／八月号　アンケート回答者一部重複。

一生命と薬について、一四才一名　一五才一名　一六才一名　一七才二名　一八才一名。

二自由について、一五才一名　一六才一名　一七才二名　一八才二名　一九才一名。

この号には「中学生のフォークにおける地位」という投稿もある。

『フォーク・リポート』六九年九月号
「投稿窓」 アンケートの窓。一五才一名（高校生）、一六才一名（高二）、一七才一名（高二）、一八才二名（学生、大学生）、二〇才一名。
「論争の窓」一五才一名（学生）、残り二名年齢など不明。

『フォーク・リポート』六九年一〇月号
「投稿窓」アンケートの窓。一五才二名（中学生、学生）、一六才一名（高二）、一七才一名（高三）、一八才一名、一九才一名（大学受験）、二〇才一名
「論争の窓」女子中学生、年齢不明二名。

『フォーク・リポート』六九年一一月号
「投稿窓」アンケートの窓。一五才一名（中学生）、一八才三名（高校生、高三、カサ張り）、二〇才一名（大学生）
「論争の窓」年齢不明二名、一五才一名（中学生）、「創作の窓」年齢不明三名

『フォーク・リポート』六九年一二月号
「投稿窓」アンケートの窓。一五才一名　一六才二名、一七才二名、一八才一名、一九才一名、二〇才一名
「論争の窓」一三才一名、一五才一名、年齢不明一名、
「創作の窓」一六才二名、無記名一名、年齢不明一名

『フォーク・リポート』七〇年一月号
投稿　一四才一名（学生）、年齢不明五名

『フォーク・リポート』七〇年二月号
投稿　一四才一名（学生）、一八才一名（浪人）、年齢不明五名

『フォーク・リポート』七〇年三月号
「拝啓高石ともや様」一四才一名（中二）、一八才一名（高三）、一九才一名、年齢不明五名

『フォーク・リポート』七〇年四月号
「拝啓岡林信康様」年齢不明六名、中学校二年一名、中学校三年一名、男性、
「地下広場」不明二名
投稿　かえ歌　特集　年齢不明六名　一五才一名　一六才一名　一八才一名
一九七〇　四月一二日　ロック叛乱祭の広告一三頁

『フォーク・リポート』七〇年五月号
「拝啓西岡たかし様」一七才一名、二〇才二名、年齢不明五名
地下広場　一八才一名　年齢不明一名　フォーク連合全国事務局
投稿　中学生とフォーク　一四才二名　一五才一名（中学生）　一七才一名　年齢不明二名

『フォーク・リポート』七〇年六月号
「拝啓中川五郎様」年齢不明男性九名（大学生一名）
地下広場　無記名　年齢不明四名　一九才一名（学生）　一六才一名（曲の投稿）　不明一名（曲の投稿）　二〇才一名　フォー

ク連合事務局

『フォーク・リポート』七〇年七月号

「拝啓高田渡様」一五才一名　年齢?二名（高一）　年齢?一名（高三）　年齢不明四名

地下広場　年齢不明六名　一七才一名

『フォーク・リポート』七〇年八月号

地下広場　年齢不明六名　一七才二名　一八才一名

投稿　年齢不明二名

この歌について話そう　年齢不明九名

『フォーク・リポート』七〇年九月号

地下広場　年齢不明四名　一四才一名　一五才一名（高一）一八才二名　二〇才一名　中学生フォーク連合からのお知らせ

『フォーク・リポート』七〇年一〇月号

地下広場　年齢不明七名　友川かずきの投稿

『フォーク・リポート』七〇年一一、一二月号

誌面が変わる

悩みの相談室　年齢?二名（中学二年、高一）　年齢不明四名

年齢不明女性　一六才一名　一八才一名　年齢不明一名

投稿窓　年齢不明五名

一行CM　年齢不明一二名

『フォーク・リポート』七一年春

投稿窓　年齢不明一五名　一二才一名　一六才一名　一八才二名

『フォーク・リポート』七一年夏

記載なし

『フォーク・リポート』七一年秋

投稿窓　年齢不明一〇名

『フォーク・リポート』七二年冬

投稿窓　一五才三名（高校生）　一七才一名（高校生）　一八才二名（高校生）　一九才二名　二〇才二名（一人は大学生）　年齢不明三名　高校生一名（年齢不明）

『フォーク・リポート』七二年春

記載なし

『フォーク・リポート』七二年夏

投稿窓　一五才一名　一六才一名　一九才四名　一七才二名　二〇才一名　二三才一名

『フォーク・リポート』七二年秋
投稿窓　一七才一名　一八才一名　二〇才一名　ジャックス・ファン・クラブ設立の投稿
『フォーク・リポート』七三年冬
投稿窓　二〇才一名　年齢記載なし三名
『フォーク・リポート』七三年春
投稿窓　一六才二名　一八才一名　二〇才一名

文献

鶴見俊輔（一九七〇‐一九七六）『鶴見俊輔著作集一‐五』筑摩書房
――（一九九一‐一九九二）『鶴見俊輔集一‐一二』筑摩書房
――（二〇〇一）『鶴見俊輔集　続一‐五』筑摩書房
――（一九五〇ａ＝一九九一）「アメリカ哲学」『鶴見俊輔集一　アメリカ哲学』筑摩書房
――（一九五〇ｂ＝一九五五）「映画と現代思想」『大衆芸術』河出書房
――（一九五五ａ）「伝記について」思想の科学研究会編『民衆の座』河出書房
――（一九五五ｂ）「ロバート・レッドフィールド『小さなコミュニティー』」（一九七六）『鶴見俊輔著作集一　哲学』筑摩書房
――（一九五六＝一九九一）「折衷主義の哲学としてのプラグマティズム」『折衷主義の立場』筑摩書房
――（一九五六＝一九九一）「折衷主義の哲学としてのプラグマティズムの方法」『折衷主義の立場』筑摩書房
――（一九五七＝一九九一）「プラグマティズムの発達概説」（一九九一）『鶴見俊輔集一　アメリカ哲学』筑摩書房
――（一九五九＝一九七〇）「大衆の思想」（一九七〇）『鶴見俊輔著作集二　思想一』筑摩書房
――（一九六〇）「いくつもの太鼓のあいだにもっと見事な調和を」『世界』一九六〇年八月号
――（一九六二）「流行歌の歴史」鶴見俊輔、加太こうじ他『日本の大衆芸術――民衆の涙と笑い』社会思想社
――（一九六二＝一九六七）「流行歌の歴史」『限界芸術論』勁草書房
――（一九六四ａ）「吉本隆明についての覚え書き」『思想の科学』一九六四年一一月号

――（一九六四ｂ）「大衆芸術」清水幾太郎編『現代思想事典』講談社新書
――（一九六七ａ）『限界芸術論』勁草書房
――（一九六七ｂ）「ヤミ市と市民的不服従」（一九七六）『鶴見俊輔著作集五　時論・エッセイ』筑摩書房
――（一九六九ａ）「限界芸術論再説」『講座　現代デザイン四』風土社
――（一九六九ｂ）「解説　大衆の時代」鶴見俊輔編著『大衆の時代』平凡社
――（一九六九ｃ）「われわれの生き方のチャレンジ」高石友也、岡林信康、中川五郎『フォークは未来をひらく――民衆がつくる民衆のうた』社会新報
――（一九六九ｄ）「牧歌時代以降」小田実編『ベ平連とは何か』徳間書店
――（一九六九ｆ＝一九九二）「記号の会について」『鶴見俊輔集三　記号論集』筑摩書房
――（一九七〇＝一九七六）「私にとって同志社とは何だったのか」『鶴見俊輔著作集第五巻　時論・エッセイ』筑摩書房
――（一九七六ａ）「略年譜」『鶴見俊輔著作集五　時論・エッセイ』筑摩書房
――（一九七六ｂ）「証言記録・鶴見俊輔」『フォークリポートわいせつ事件　満巻』プレイガイドジャーナル社
――（一九七六ｃ）『限界芸術』講談社学術文庫
――（一九七六＝一九九一）「冗談音楽の流れ」『鶴見俊輔集六　限界芸術論』筑摩書房
――（一九七八＝一九九一）「現代の歌い手」『鶴見俊輔集六　限界芸術論』筑摩書房
――（一九八〇＝一九九一）「漫画の読者として」『鶴見俊輔集七　漫画の読者として』筑摩書房
――（一九八一）「哲学者市井三郎の冒険」『市民の論理学者・市井三郎』思想の科学社
――（一九八三）「五十年おそく　糸井重里を読む」『糸井重里全仕事』広告批評
――（一九八四）『戦後日本の大衆文化史――１９４５〜１９８０年』岩波書店
――（一九八八）「民衆娯楽についての覚え書き」テツオ・ナジタほか編『戦後日本の精神史――その再検討』岩波書店

――（一九九三）「人と作品　理知と感情と意思」与謝野晶子（一九九三）『愛、理性及び勇気』講談社文芸文庫
――（一九九六ａ）『思想とは何だろうか　鶴見俊輔座談』晶文社
――（一九九六ｂ）「解説」『復刻版　声なき声のたより　第一巻　一九六〇－一九七〇』柏書房
――（一九九七）『期待と回想　上・下』晶文社
――（一九九七＝二〇〇八）『期待と回想』朝日文庫
――（一九九九）『限界芸術論』ちくま学芸文庫
――（二〇〇二＝二〇一〇）「第二芸術論」『ちいさな理想』編集グループＳＵＲＥ
――（二〇〇七）『たまたまこの世界に生まれて』編集工房ＳＵＲＥ
――（二〇〇九）「思想の言葉　態度と知識―『思想の科学』小史」『思想』二〇〇九年五月号
鶴見俊輔、小熊英二、上野千鶴子（二〇〇四）『戦争が遺したもの』新曜社
鶴見俊輔、小田実（二〇〇四）『手放せない記憶』編集グループＳＵＲＥ
鶴見俊輔、加太こうじ他（一九六二）『日本の大衆芸術』社会思想社
鶴見俊輔、多田道太郎、樋口謹一（一九五一）「ルソーのコミュニケイション論」桑原武夫編『ルソー研究』岩波書店
鶴見俊輔、多田道太郎、樋口謹一（一九七五）「ルソーのコミュニケーション論」『鶴見俊輔著作集一　哲学』筑摩書房
鶴見俊輔、長谷川幸延、福田定良（一九五六＝一九九六）「文化と大衆のこころ」『文化とは何だろうか――鶴見俊輔座談』晶文社
鶴見俊輔、山本明編（一九七九）『抵抗と持続』世界思想社
「〈インタビュー〉『思想の科学』の原点をめぐって――鶴見俊輔氏に聞く」『思想』二〇〇九年五月号

日本の文献

有馬敲（二〇〇三）『時代を生きる替歌・考――諷刺、笑い、色気』人文書院
粟谷佳司（二〇〇八）『音楽空間の社会学――文化における「ユーザー」とは何か』青弓社
――――（二〇一一a）「限界芸術論からのメディア文化史――鶴見俊輔、フォーク音楽、ローカル文化」「メディア・コミュニケーション」六一号（慶應義塾大学メディア・コミュニケーション研究所）
――――（二〇一一b）「トロント・コミュニケーション学派からトロントのメディア文化研究へ」『KAWADE道の手帖　マクルーハン』河出書房新社
――――（二〇一二）「戦後日本の知識人と音楽文化――鶴見俊輔、フォーク音楽、限界芸術論をめぐって」「立命館産業社会論集」第四七巻二号（立命館大学産業社会学会）
――――（二〇一六a）「空間、文化、運動――カルチュラル・スタディーズと空間の社会理論のために」日暮雅夫他編『現代社会理論の変貌――せめぎ合う公共圏』ミネルヴァ書房
――――（二〇一六b）「鶴見俊輔の大衆文化研究とその応用」浪田陽子他編『メディア・リテラシーの諸相――表象・システム・ジャーナリズム』ミネルヴァ書房
池井望（一九九六）「比較限界芸術論」『岩波講座　現代社会学』岩波書店
伊勢田哲治（二〇〇九）「分析哲学者としての鶴見俊輔」『思想』二〇〇九年五月号
市井三郎（一九六三）『哲学的分析――社会・歴史・論理についての基礎的試論』岩波書店
――――（一九七六）「解説」『鶴見俊輔著作集一　哲学』筑摩書房
伊藤陽一、浅野智彦、赤堀三郎、浜日出夫、高田義久、粟谷佳司編（二〇一三）『グローバル・コミュニケーション――キーワードで読み解く生命・文化・社会』ミネルヴァ書房
稲葉陽二（二〇一二）『ソーシャル・キャピタル入門――孤立から絆へ』中公新書

上野俊哉、毛利嘉孝（二〇〇〇）『カルチュラル・スタディーズ入門』ちくま新書
海老坂武（一九八六）『雑種文化のアイデンティティ』みすず書房
大石裕（二〇一一）『コミュニケーション研究　第三版——社会の中のメディア』慶應義塾大学出版会
岡林信康（一九六九）「俺とフォークソングの怪しい関係にかんする報告」高石友也、岡林信康、中川五郎『フォークは未来をひらく——民衆がつくる民衆のうた』社会新報
小川（西秋）葉子、川崎賢一、佐野麻由子編著（二〇一〇）『〈グローバル化〉の社会学—循環するメディアと生命』恒星社厚生閣
小熊英二（二〇〇二）『民主と愛国——戦後日本のナショナリズムと公共性』新曜社
——（二〇〇九）『1968——若者たちの叛乱とその背景（上・下）』新曜社
小田実（一九六八）「平和への具体的提言」小田実編『市民運動とは何か——ベ平連の思想』徳間書店
——（一九九五）『「ベ平連」・回顧録でない回顧』第三書館
笠原潔（二〇〇一）『黒船来航と音楽』吉川弘文堂
粕谷一希（一九七八）「鶴見俊輔論」『現代思想』一九七八年一二月号
加太こうじ、畑実夫（一九七〇）『流行歌の秘密』文和書房
片桐ユズル（一九六三）「詩とプラグマティズム」『詩のことば日常のことば』思潮社
——（一九六九a）『うたとのであい——フォークソング人間性回復論』社会新報
——（一九六九b）「クールなメディア」『新譜ジャーナル』一九六九年一〇月号
——（一九七〇）『意味論入門——言葉の使い方の科学』思潮社
——（一九七五a）「関西フォークの歴史についての独断的見解」URCレコード
——（一九七五b＝一九七九）「替歌こそ本質なのだ」片桐ユズル・中村哲・中山容編『ほんやら洞の詩人たち——自前の文化をもとめて』晶文社

――（一九八二）『高められたはなしことば』矢立書房
加藤和彦（二〇一三）『エゴ――加藤和彦、加藤和彦を語る』スペースシャワーネットワーク
加藤秀俊（一九六三＝一九七七）「文化とコミュニケイション」『文化とコミュニケイション増補改訂版』思索社
柄谷行人（一九八五）「モダニティの骨格」『批評とポスト・モダン』福武書店
河田潤一（二〇一五）「ソーシャル・キャピタルの理論的系譜」坪郷實編著『ソーシャル・キャピタル』ミネルヴァ書房
川村輝夫（一九六九）「フォークソング運動をすすめよう」『うたうたうた　フォーク・リポート』一九六九年一月号
菅孝行（一九八〇）『鶴見俊輔論』第三文明社
北河賢三（二〇一四）「鶴見俊輔の思想・方法と大衆の思想」赤澤史郎、北河賢三、黒川みどり編『戦後知識人と民衆観』影書房
木村倫幸（二〇〇五）『鶴見俊輔ノススメ――プラグマティズムと民主主義』新泉社
黒川創（二〇〇九）「はじめに　ほかの世界で、また会おう」『思想の科学』五十年史の会編『『思想の科学』ダイジェスト一九四六～一九九六』思想の科学社
黒沢進（一九八六）『資料　日本ポピュラー史研究　初期フォークレーベル編』SFC音楽出版
桑原武夫（一九七六）「まえがき」『第二芸術』講談社学術文庫
――（一九八〇）「自跋」『桑原武夫集二』岩波書店
小泉文夫、阿久悠、鶴見俊輔、多田道太郎、佐藤誠三郎、山本直純、井上ひさし、富岡多恵子、宮川泰（一九七八）『歌は世につれ――シンポジウム：今日の大衆と音楽』講談社
小林トミ（一九六七）「「バエズを囲む夕」に出席して」『べ平連ニュース』一九六七年二月一日
小森陽一（一九九八）『「ゆらぎ」の日本文学』日本放送出版会
斉藤日出治（二〇〇三）『空間批判と対抗社会――グローバル時代の歴史認識』現代企画室

桜井哲夫（一九九三）『思想としての60年代』ちくま学芸文庫
佐藤毅（一九九九）「日本におけるカルチュラル・スタディーズ」花田達朗、吉見俊哉、コリン・スパークス編『カルチュラル・スタディーズとの対話』新曜社
思想の科学研究会編（一九五〇）『夢とおもかげ――大衆娯楽の研究』中央公論社
篠原章（二〇〇四）『日本ロック雑誌クロニクル』太田出版
出版ニュース社（二〇〇二）『出版データブック　改訂版一九四五―二〇〇〇』出版ニュース社
鈴木勝雄（二〇一二）「集団の夢」鈴木勝雄、桝田倫広、大谷省吾編『実験場1950s』東京国立近代美術館
鈴木勝生（一九八七）『風に吹かれた神々――幻のURCとフォーク・ジャンボリー』シンコーミュージック
絓秀実（二〇〇六）『１９６８年』筑摩書房
――（二〇〇八）『吉本隆明の時代』作品社
鈴木一誌（二〇一四）「宙づりの思想」大木晴子、鈴木一誌『１９６９――新宿西口地下広場』新宿書房
瀬戸川宗太（二〇一二）『懐かしのテレビ黄金時代――力道山、『月光仮面』から『11ＰＭ』まで』平凡社新書
園部三郎（一九六二）『日本民衆歌謡史考』朝日新聞社
高石友也、岡林信康、中川五郎（一九六九）『フォークは未来をひらく――民衆がつくる民衆のうた』社会新報
高田渡（二〇〇一＝二〇〇八）『バーボン・ストリート・ブルース』ちくま文庫
高畠通敏（一九七五）「解説」『鶴見俊輔著作集二』筑摩書房
――（二〇〇三＝二〇〇九）「「市民社会」とはなにか」『高畠通敏集　一』岩波書店
竹内洋（二〇〇三）『教養主義の没落――変わりゆくエリート学生文化』中央公論社
武谷三男（一九六六）「『思想の科学』への提言」『思想の科学』一九六六年五月号
谷富夫（一九九六）「ライフ・ヒストリーとは何か」谷富夫編『ライフ・ヒストリーを学ぶ人のために』世界思想社

辻俊一郎（二〇〇一）『フォークソング運動――二十五年目の総括』新風舎
同志社社史史料編集所編（一九六五）『同志社九十年小史』学校法人同志社
東谷護（一九九五）『日本におけるフォークソングの展開』ＪＡＳＰＭワーキングペーパーシリーズ、日本ポピュラー音楽学会
中尾ハジメ（二〇一四）「フォークリポートわいせつ裁判―裁判に可能性と希望を」藤田一良『弁護士・藤田一良――法廷の闘い』緑風出版
中川五郎（一九六九）「ぼくにとってうたとはなにか」高石友也、岡林信康、中川五郎『フォークは未来をひらく――民衆がつくる民衆のうた』社会新報
――（一九八二）『裁判長殿、愛って何？』晶文社
――（一九九九）『ロメオ塾』リトル・モア
――（二〇一四）「現在を歌うフォークが未来をひらく」『雲遊天下』一一九号
中村とうよう（一九六九）「ライナーノーツ」『新宿一九六九年六月』ＵＲＣレコード
――（一九七一）『フォークからロックへ』主婦と生活社
中村とうよう編著（一九六六）『フォーク・ソングのすべて――バラッドからプロテスト・ソングまで』東亜音楽社
西田慎、梅崎透編著（二〇一五）『グローバル・ヒストリーとしての「１９６８年」――世界が揺れた転換点』ミネルヴァ書房
西山正（一九六九）「ロック・フェスティバルをのぞいたひとりのジャーナリストが感じたり考えたりした若干のこと」『ニューミュージック・マガジン』一九六九年一一月号
野間宏（一九五八）「芸術の新しい担い手」『講座現代芸術Ⅲ　芸術を担う人々』勁草書房。
長谷川龍生、片桐ユズル（一九七二）『現代詩論六』晶文社
原田達（二〇〇一）『鶴見俊輔と希望の社会学』世界思想社
瞳みのる（二〇一一）『ロンググッドバイのあと で――ザ・タイガースでピーと呼ばれた男』集英社

日高六郎（一九五八）「大衆社会における芸術と大衆文化」『講座現代芸術Ⅲ　芸術を担う人々』勁草書房
――（一九六〇）『現代イデオロギー』勁草書房
広瀬勝（一九六九）「替え歌を楽しもう」室謙二編『時代はかわる――フォークとゲリラの思想』社会新報
藤田一良（二〇一四）『弁護士・藤田一良――法廷の闘い』緑風出版
フォーク・リポートわいせつ裁判を調査する会編（一九七六）『フォーク・リポートわいせつ事件　珍巻』プレイガイドジャーナル社
細川修平（一九九〇）『レコードの美学』勁草書房
べ平連・〈ベトナムに平和を！〉市民連合（一九七四）『ベ平連ニュース・脱走兵通信・ジャテック通信・縮刷版』ベ平連・〈ベトナムに平和を！〉市民連合
「ベトナムに平和を！」市民連合編（一九七四）『資料・「ベ平連」運動　上巻　中巻　下巻』河出書房新社
前田祥丈・平原康司（一九九三）『60年代フォークの時代』シンコーミュージック
三沢謙一（一九九二）「「豊かな社会」における生き方の問題（1）私生活化の概念をめぐって」『評論社会科学』45号、同志社大学人文学会
三隅一人（二〇一三）『社会関係資本――理論統合の挑戦』ミネルヴァ書房
見田宗介（一九六七＝二〇一二）「近代日本の心情の歴史」『定本見田宗介著作集Ⅳ　近代日本の心情の歴史』岩波書店
三井徹（一九六六）「バラッドとその周辺」中村とうよう編著『フォーク・ソングのすべて――バラッドからプロテスト・ソングまで』東亜音楽社
――（二〇一一）「『ニューミュージック・マガジン』創刊までのこと」『アルテス』創刊号
――（二〇一二）『執筆総覧＋出演総覧』私家版
三橋一夫（一九六七）『フォーク・ソング――アメリカの抵抗の歌の歴史』新日本出版社

――――「新しいフォークソングの可能性」『べ平連ニュース』一九六九年二月一日号
村田拓（一九六九a）「民衆の心そのものの表現を」『うたうたうた　フォーク・リポート』一九六九年一月号
――――（一九六九b）「はじめに」高石友也、岡林信康、中川五郎『フォークは未来をひらく――民衆がつくる民衆のうた』社会新報
室謙二（一九六九a）「ドキュメント・東京フォークゲリラ」室謙二編『時代はかわる――フォークとゲリラの思想』社会新報
――――（一九六九b）「フォークソングとは何か」室謙二編『時代はかわる――フォークとゲリラの思想』社会新報
――――（二〇一一）『天皇とマッカーサーどちらが偉い？――日本が自由であったころの回想』岩波書店
森達也（二〇〇三）『放送禁止歌』知恵の森文庫
安田常雄（一九九二）「『思想の科学』・『芽』解題」安田常雄、天野正子編『戦後「啓蒙」思想の遺したもの』久山社
安丸良夫（二〇〇四）『現代日本思想論――歴史意識とイデオロギー』岩波書店
山口定（二〇〇四）『市民社会論――歴史的遺産と新展開』有斐閣
横尾夏織（二〇〇六）「『思想の科学』における多元主義の展開と大衆へのアプローチ」「社会科学部創設四〇周年記念学生論文集」早稲田大学
吉見俊哉（二〇〇〇）「メディアを語る言説」栗原彬、小森陽一、佐藤学、吉見俊哉『内破する知――身体・言葉・権力を編みなおす』東京大学出版会
――――（二〇一一）『大学とは何か』岩波新書
――――（二〇一二）『アメリカの越え方――和子・俊輔・良行の抵抗と越境』弘文堂
――――（二〇一四）「カルチュラル・スタディーズの旅は続く」『思想』二〇一四年五月号

外国の文献（翻訳を含む）

Adorno, Theodor W. (1975) "Culture Industry Reconsidered" (trans Anson G. Rabinnbach, New German Critique, 6) in Theodor W. Adorno (1991) *The Culture Industory:Selected essay on mass culture,* Routledge.

——(1954=1991) "How to look at television" The Quartery of Firm, Radio & Television, 8 (3) in Theodor W. Adorno (1991) *The Culture Industory: Selected essay on mass culture,* Routledge. テオドール・W・アドルノ（1954＝一九六九）「テレビと大衆文化の諸形態」（平沢正夫訳）鶴見俊輔編一九六九『大衆の時代』平凡社

——(1941) "On Popular Music" Theodor W. Adorno. (2002) *Essays on Music,* University of Carifornia Press. テオドール・W・アドルノ（1941＝二〇〇二）「ポピュラー音楽について」『アドルノ　音楽・メディア論集』（渡辺ほか訳）平凡社

——(1962) *Einleitung in die Musik sociologie.* テオドール・W・アドルノ（一九九九）『音楽社会学序説』（高辻知義・渡辺健訳）平凡社

Appadurai, Arjun (1996) *Modernity at Large: Cultural Dimensions of Globalization,* University of Minnesota Press. アルジュン・アパデュライ（一九九六＝二〇〇四）『さまよえる近代』（門田健一訳）平凡社

Awatani, Yoshiji (2010) "Media Space and 'Users':A Study in Media and People's Practice after the Great Hanshin-Awaji Earthquake" *Keio Communication Review,* No. 32.

Bourdieu, Pierre (1979) *La Distinction,* minuit. ピエール・ブルデュー（一九九〇）『ディスタンクシオン』（石井洋二郎訳）藤原書店

——(1979) "Les trois états du capital culturel »" *Actes de la recherche en sciences sociales,* vol. 30, novembre. ピエール・ブルデュー（一九八六）「文化資本の三つの姿」（福井憲彦訳）『actes』no. 1, 日本エディタースクール出版部

——(1980) "Le capital social-notes provisoires" *Acte de la recherché en science socials,* vol. 31. ピエール・ブルデュー（一九八六）「「社会資本」とは何か　暫定的ノート」（福井憲彦訳）『actes』no. 1, 日本エディタースクール出版部。

——(1982) *Ce que parler veut dire,* Fayard. ピエール・ブルデュー（一九九三）『話すということ』（稲賀繁美訳）藤原書店

――(1980) *Question de sociologie*, Minuit. ピエール・ブルデュー（一九九一）『社会学の社会学』（田原音和監訳）藤原書店
――(1983=一九九一) "Sartre: l'invention del'intellectual total"「サルトル　全体的知識人の創出」（石崎晴己訳）『今、サルトル』思潮社
――(1984) *Homo Academicus*, Minuit. ピエール・ブルデュー（一九九七）『ホモ・アカデミクス』（石崎晴己ほか訳）藤原書店
――(1986) "The Form of Capital" J. E. Richardson ed., *Handbook of Research for the Sociology of Education*, Greenwood Press.
――(1992) *Les regles del'art*, Seuil. ピエール・ブルデュー（一九九六）『芸術の規則』（石井洋二郎訳）藤原書店
――(1994) *Raison Pratiques*, Seul. ピエール・ブルデュー（二〇〇七）『実践理性』（石井洋二郎訳）藤原書店
――(2002＝二〇一五) *Interventions, 1961-2001.*『介入Ⅰ』（櫻本陽一訳）藤原書店
ピーター・ブルッカー（二〇〇三）『文化理論用語集』（有元健ほか訳）新曜社、の「日常文化」の項目。
Certeau, Michel De (1980=1990) L'invention du quotidien: 一. art de faire. Nouvelle edition. Editions Gallimard. ミシェル・ド・セルトー(1980＝一九八七)『日常的実践のポイエティーク』（山田登世子訳）国文社
ルイス・コーザー（1965＝一九七〇）『知識人と社会』（高橋徹訳）培風館
Fiske, John (1992) "The Cultural Economy of Fandom" Lisa A. Lewis ed., *Adoring Audience: Fan Culture and Populer Media*, Routledge.
Frith, Simon (1988) *Music for Pleasure*, Polity Press.
Gregory, Derek (1994) *The Geographical Imaginations*, Blackwell.
Grossberg, Lawrence (1993) "Formations of Cultural Studies" Valda Blundell et al eds., (1993) *Relocating Cultural Studies*, Routledge.
Hall, Stuart (1980) "Encoding/decoding" Stuart Hall et al eds, (1980) *Culture, Media, Language*, Routledge.
――(1986) "Cultural Studies: Two Paradigms" Richard E. Collins et al eds., (1986) *Media, Culture and Society: A Critical Reader*, Sage.
――ed, (1997) *Representation*, Open University Press.
Horkheimer, Max and Theodor W. Adorno (1944) *Dialektik der Aufklarung: Philosophische Fragmente.* ホルクハイマー＝アドルノ

（二〇〇七）『啓蒙の弁証法』（徳永恂訳）岩波書店
Huyssen, Andreas (1989) *After the Great Divide*, Indiana University Press.
チャールズ・カドゥシン（二〇一五）『社会的ネットワークを理解する』（五十嵐祐ほか訳）北大路書房
L・L・ラングス、G・フランク（1981＝一九九三）『ライフヒストリー研究入門』（米山俊直・小林多寿子訳）ミネルヴァ書房
Law, John and John Hassard eds., (1999) *Actor Network Theory and After*, Blackwell.
ブルーノ・ラトゥール（二〇〇八）『虚構の「近代」』（田村久美子訳）新批評
Lefebvre, Henri (1974=1999) *La production de espace*, Anthropos. アンリ・ルフェーヴル（二〇〇〇）『空間の生産』（斎藤日出治訳）青木書店
ナン・リン（二〇〇八）『ソーシャル・キャピタル』（筒井淳也ほか訳）ミネルヴァ書房
Macdonnell, Diane (1986) *Theories of discourse*. Blackwel. ダイアン・マクドネル（一九九〇）『ディスクールの理論』（里麻静雄訳）新曜社
McLuhan, Marshall (1964=1994) *Understanding Media*, MIT Press. マーシャル・マクルーハン（一九八七）『メディア論』（栗原裕・河本仲聖訳）みすず書房
Mitchell, Don (1995) "The end of public space?People's park, definitions of the public, and democracy" Annals of the Association of American Geographers, 85. ドン・ミッチェル（二〇〇二）「公共空間は終焉したか?」浜谷正人訳、『空間・社会・地理思想』第七号
Mitchell, Tony (1996) *Popular Music and Local Identity*, Leisester University Press.
Moore, Rob (2012) "Capital" Michael Grenfell ed, *Pierre Bourdieu: Key concepts*, Second Edition, Acumen.
Moores, Shaun (1993) *Interpreting Audiences*, Sage.
Nelson, Cary et al. (1992) "Cultural Studies : An introduction" Lawrence Grossberg et al eds. *Cultural Studies*, Routledge.
ローレンス・オルソン（1992＝一九九七）『アンビヴァレント・モダーンズ』（黒川創ほか訳）新宿書房

Shields, Rob (1999) *Lefebvre, Love and Struglle,* Routledge.

Strinati, Dominic (1995) *An Introduction to Theories of Popular Culture,* Routledge. ドミニク・ストリナチ『ポピュラー文化論を学ぶ人のために』（渡辺潤ほか訳）世界思想社

Swartz, David (1997) *Culture & Power,* The University of Chicago Press.

Thomson, Patricia (2012) “Field” Michael Grenfell ed, Pierre Bourdieu: Key concepts, Second Edition, Acumen.

フィリップ・タグ（一九九〇）「ポピュラー音楽の分析　理論と方法と実践」三井徹編訳『ポピュラー音楽の研究』音楽之友社（Philip Tagg (1982) “Analysing popular music: theory, method and practice” Popular Music. No. 2. ）

E・P・トムソン（一九六二）「R・ウィリアムズの『長い革命』批判」田村進編（一九六二）『文化革新のヴィジョン』合同出版社

ジョン・アーリ（二〇〇六）『社会を越える社会学』（吉原直樹監訳）、法政大学出版局

Williams, Raymond (1958=1982) *Culture and Society,* The Hogarrth Press. レイモンド・ウィリアムズ（一九六八）『文化と社会』（若松繁信ほか訳）ミネルヴァ書房

———— (1961=2001) *The Long Revolution,* Broadview Press. レイモンド・ウィリアムズ（1961=一九八三）『長い革命』（若松繁信ほか訳）ミネルヴァ書房

その他の資料

新聞・雑誌・会報・その他

『べ平連ニュース』(縮刷版) 一九六七年四月一日号、一九六七年六月一日号、一九六七年一一月一日号、一九六八年一月一日号、一九六八年二月一日号

『かわら版』一九六七年七月号(創刊号)~一九七三年一二月号、一九七九年三月号~一九八二年一二月号(一三九号欠)

『うたうたうた フォーク・リポート』一九六九年一月号(創刊号)~一九七三年春号

『週刊アンポ』No.〇~No.一五

「宴席でも歌えるフォークゲリラの歌傑作集」『週刊現代』一九六九年八月一四日号

『レコード・コレクターズ』二〇〇三年四月号(特集URC)

『思想の科学 会報一』柏書房、一九八二年

『復刻版 声なき声のたより 第一巻 一九六〇―一九七〇』柏書房、一九九六年

『べ平連のうた』芸術出版、一九六九年

片桐ユズル『片桐ユズル著作目録』浄忠舎、二〇一七年

音源など

「新宿一九六九年六月」URCレコード(中村とうようによるライナーノーツ)、一九六九年

『二〇世紀ポップ・ロック大全集 ダンシング・イン・ザ・ストリート(9)~ヒップ・ホップ&DJスタイルのルーツ』NHKソフトウェア、一九九八年

岡林信康『くそくらえ節／がいこつの唄』URCレコード、一九六八年
片桐ユズル、中山容、秦政明編集『関西フォークの歴史　一九六六～一九七四（一）』エイベックス・イオ、二〇〇三年
片桐ユズル、中山容、秦政明編集『続　関西フォークの歴史　一九六六～一九七四（三）』エイベックス・イオ、二〇〇三年
高田渡『日本に来た外国詩…。』アゲント・コンシピオ、二〇〇一年
中川五郎『終わり はじまる』エイベックス・イオ、二〇〇三年

ウェブサイト
中川五郎ウェブサイト http://www. goronakagawa. com/profile/index. html
日本ロック・フェスティバル http://homepage1. nifty. com/rock70s/kosenjyo/hibiya03. html

インタビュー
中川五郎氏　二〇一一年七月（京都市）
片桐ユズル氏　二〇一三年八月、九月（京都市）

あとがき

本書は、戦後日本の知識人、鶴見俊輔氏の「限界芸術論」を中心とする大衆文化の思想と、それを関西フォークソング運動のなかで実践していった人びとの行動と言説について考察した社会学研究である。

本書は、二〇一六年三月に同志社大学から博士（社会学）の学位が授与された「限界芸術論と現代文化研究——戦後日本の知識人と大衆文化についての社会学的研究」に加筆を行なったものである。博士学位論文を審査していただいた、主査の鵜飼孝造先生には大変にお世話になった。鵜飼先生には、本書の内容についてお話しさせていただいてから様々なご助言をいただき学位論文としてまとめる上で大いに励みとなった。感謝申し上げたい。審査においては、板垣竜太先生、小川博司先生からも貴重なご意見をいただいた。感謝申し上げたい。

本書は、これまで発表した以下に記す論考や、その内容の一部が元になっている。本書に収録するにあたってそれぞれ改稿している。

「限界芸術論からのメディア文化史——鶴見俊輔、フォーク音楽、ローカル文化」「メディア・コミュニケーション」（慶應義塾大学メディア・コミュニケーション研究所）二〇一一年三月

「戦後日本の知識人と音楽文化——鶴見俊輔、フォーク音楽、限界芸術論をめぐって」「立命館産業社会論集」（立命館大学産業社会学会）二〇一二年六月

「空間、文化、運動――カルチュラル・スタディーズと空間の社会理論のために」日暮雅夫、市井吉興、尾場瀬一郎編著『現代社会理論の変貌』（ミネルヴァ書房）二〇一六年一月

「鶴見俊輔の大衆文化研究とその応用」浪田陽子、柳澤伸司、福間良明編著『メディア・リテラシーの諸相』（ミネルヴァ書房）二〇一六年三月

本書におけるキー・パーソンである、中川五郎さん、片桐ユズルさんには、快くインタビューにお応えいただき、当時の状況についてお話を伺うことが出来た。感謝申し上げたい。そして、神田稔さんには片桐さんを紹介していただく労をとっていただいた。記して感謝したい。中川さん、片桐さんとは、その後も関西のフォークソングに関する会合でご一緒させていただいている。また、本書を書いていた期間には、職場の先生方や研究会のメンバー、友人たちにも大変お世話になった。

ハーベスト社小林達也社長には、本書の意義を認めていただき出版することが出来た。厚く御礼を申し上げたい。

最後に、これまでの私を見守ってくれていた、今はなき両親の粟谷伯文と粟谷房子に本書を捧げたい。

本書は、日本学術振興会科学研究費補助金（二〇一一年度から二〇一三年度 基盤研究C 課題番号23530703 研究代表者 粟谷佳司）の助成による研究成果の一部である。

二〇一八年八月

粟谷佳司

事項索引（50音順）

人名索引（50音順）

栗谷佳司（あわたに　よしじ）

1968年生まれ。

同志社大学大学院文学研究科社会学専攻博士後期課程満期退学。博士（社会学）。

現在、立命館大学立命館アジア・日本研究機構客員研究教員（准教授）。

著書：単著『音楽空間の社会学：文化における「ユーザー」とは何か』青弓社、2008年。共編著『グローバル・コミュニケーション：キーワードで読み解く生命・文化・社会』ミネルヴァ書房、2013年。論文：‘Media Space and “Users”: A Study in Media and Perople's Practice after the Great Hanshin-Awaji Earthquake’, *Keio Communication Review,* no.32, 2010.「鶴見俊輔から「ひとびと」の社会学へ：戦後日本の文化研究に向けて」『同志社社会学研究』22号、2018年など。

限界芸術論《げんかいげいじゅつろん》と現代文化研究《げんだいぶんかけんきゅう》

戦後日本の知識人と大衆文化についての社会学的研究

発　行　——2018年９月10日　第1刷発行

定　価　——定価はカバーに表示

発行者——　小林達也

発行所——　ハーベスト社

〒188-0013 東京都西東京市向台町 2-11-5

電話　042-467-6441

振替　00170-6-68127

http://www. harvest-sha. co. jp

印刷　㈱平河工業社・製本　㈱新里製本所

落丁・乱丁本はお取りかえいたします。

Printed in Japan

ISBN4-86339-095-9 C1036